30 DAY
KOREAN 3

30 Day Korean 3

초판 1쇄 발행 2024년 7월 19일

지은이 그린한국어학원
펴낸이 박영호
기획팀 송인성, 김선명
편집팀 박우진, 김영주, 김정아, 최미라, 전혜련, 박미나
관리팀 임선희, 정철호, 김성언, 권주련
펴낸곳 (주)도서출판 하우

주소 서울시 중랑구 망우로68길 48
전화 (02)922-7090
팩스 (02)922-7092
홈페이지 http://www.hawoo.co.kr
e-mail hawoo@hawoo.co.kr
등록번호 제2016-000017호

값 27,000원
ISBN 979-11-6748-143-6 14710
ISBN 979-11-6748-102-3 (set)

MP3 다운로드 www.hawoo.co.kr 접속 후 '자료실'에서 다운로드

30 DAY KOREAN 3

그린한국어학원 지음

머리말

2008년 개원 이래 그린한국어학원은 다양한 국적과 연령의 외국인 학습자들을 대상으로 한국어 교육을 진행해 왔습니다. 오랜 시간 많은 학습자들로부터 사랑받아 온 그린한국어학원의 의사소통 능력 중심 교육과정은 한국어 학습이 단편적으로 지식을 습득하는 수준을 넘어 한국을 경험하는 통로가 되도록 구성되어 있습니다. 특히 문화체육관광부에서 제정한 「한국어 표준 교육과정」에 기반하여 기존의 교육과정을 보완한 결과, 신뢰할 수 있을 뿐 아니라 더욱 정교해진 자체 교육과정을 수립하게 되었습니다.

그린한국어학원에서는 한국어 학습자들이 교육 환경에 제약받지 않고 국내외 어디서든 동일한 수준의 교육 서비스를 받을 수 있도록 자체 교육과정을 기반으로 한 교재 「30 Day Korean」을 개발하고 해당 교재를 사용하는 대면 수업과 온라인 수업(www.onlinekorean.co.kr)을 운영하고 있습니다.

「30 Day Korean 3」는 '어휘', '문법', '말하기', '듣기', '읽기', '쓰기', '문화 & 발음' 영역 순으로 구성되어 있으며, 각 영역별 내용이 서로 긴밀하게 연계되어 언어 지식 학습이 언어 사용 능력 습득으로 자연스럽게 전이되도록 하였습니다.

「30 Day Korean 3」의 한 과는 약 5시간용으로 오프라인 수업이나 독학의 경우 이틀에 한 과씩 학습하는 일정이 적정합니다. 참고로 그린한국어학원의 온라인 수업(www.onlinekorean.co.kr)에서는 애니메이션, 퀴즈, 동영상 강의 등 다양한 형태의 학습 콘텐츠를 활용하여 교재 한 단원의 내용을 6일 동안 자가 학습하고, 7일 차에는 앞서 공부한 내용을 바탕으로 원어민 선생님과 대화 활동에 참여하는 플립러닝 형태의 학습 방식을 운영하고 있습니다.

본서가 한국어를 효율적으로 배우고, 한국을 깊이 이해하며 체험하기를 희망하는 많은 학습자에게 유용하게 쓰이기를 기대합니다.

그린한국어학원
원장 **김 인 자**

Preface

Since its opening in 2008, Green Korean Language School has provided Korean language education to learners of various national and ages.

Green Korean Language School's communication skill-oriented curriculum, which has long been loved by many learners, is designed to take Korean language beyond the level of acquiring knowledge and provide learners with opportunities to experience Korea.

By improving the existing curriculum in accordance with the Standard Curriculum for Korean language established by the Ministry of Culture, Sports and Tourism, we have developed our own curriculum that is not only reliable but also more sophisticated.

To ensure Korean language learners have access to the same quality of education at home and broad, Green Korean Language School has developed a textbook called *30 Day Korean* based on its own curriculum. In addition, we are currently running both face-to-face and online course(www.onlinekorean.co.kr) that use the textbook.

30 Day Korean 3 consists of seven sections in the following order: "Vocabulary", "Grammar", "Speaking", "Listening", "Reading", "Writing" and "Culture & Pronunciation". The contents in each section are closely related to each other, enabling learners to transfer their knowledge of the language to their acquisition of language literacy skills.

For offline course and self-study, it is recommended that learners practice one unit every two days as each unit of *30 Day Korean 3* is for five hours. For reference, Green Korean Language School's online courses(www.onlinekorean.co.kr) provide various types of learning content such as animations, quizzes, and video lectures, and learners study the contents of one unit of the textbook on their own for 6 days, and on the seventh day, a learning method in the form of flipped learning is utilized in which learners participate in conversation activities with a native Korean teachers.

It is our hope that this book will be useful for many learners who wish to learn Korean efficiently and experience Korea with a deeper understanding of it.

Green Korean Language School

President **Inja Kim**

일러두기 How to use this book

30 Day Korean 3는 총 10개 과로 구성되어 있습니다.

각 과는 '어휘', '문법', '말하기', '듣기', '읽기', '쓰기', '문화 & 발음' 순으로 이루어져 있으며 세부 내용은 다음과 같습니다.

30 Day Korean 3 is comprised of a total of 10 units.

Each unit is divided into the following sections: "Vocabulary", "Grammar", "Speaking", "Listening", "Reading", "Writing", and "Culture & Pronunciation". The details are as follows.

학습 목표 Learning Objectives

1과 수영할 수 있어요?

학습 목표

할 수 있는 운동에 대해서 묻고 답할 수 있다.

어휘	운동
문법	V-(으)ㄹ 수 있다/없다
	못 V, V-지 못하다
	V/A-아/어서 [①이유]
말하기	저에게 테니스를 가르쳐 줄 수 있어요?
듣기	다른 친구하고 약속이 있어서 못 가요.
읽기	공원에 축구장이 있어서 축구를 할 수 있습니다.
쓰기	무슨 운동을 할 수 있어요?

1과_수영할 수 있어요? 17

해당 과의 주제와 연관된 삽화로 학습 내용을 추측할 수 있도록 하였으며, 학습 목표 및 영역별 내용을 한눈에 확인할 수 있도록 표로 제시하였습니다.

Illustrations relevant to the unit's topic are presented to help infer the contents of learning, and the learning objectives and contents by section are presented in a table for easy reference.

어휘 Vocabulary

어휘 학습 Vocabulary Learning

주제 어휘를 관련 이미지와 함께 제시하여 의미를 쉽게 파악할 수 있도록 하였습니다.

The unit vocabulary is presented with related images to help make it easier to understand.

어휘 연습 Vocabulary Practice

다양한 방식으로 학습한 어휘를 흥미롭게 연습하고 어휘가 사용되는 상황을 확인할 수 있도록 하였습니다.

Students can practice the vocabulary interestingly in various ways and understand the context in which they are used.

문법 Grammar

문법 학습 Grammar Learning

목표 문법이 사용되는 전형적인 대화를 삽화와 함께 제시하였으며, 예문으로 해당 문법의 의미와 형태 변화를 쉽게 파악할 수 있도록 하였습니다.

A typical dialogue that incorporates a grammar rule is presented with an illustration, and example sentences are provided for easier understanding of the meaning and form changes of the grammar.

문법 연습 Grammar Practice

말하기 활동을 통하여 배운 문법을 즉시 사용해 볼 수 있고 대화 완성 연습으로 실제적인 맥락 속에서 학습한 문법의 기능을 확인할 수 있도록 하였습니다.

Through the speaking activity, students are able to apply the grammar they have learned and understand its functions in a real-life context as they practice completing a conversation.

말하기 Speaking

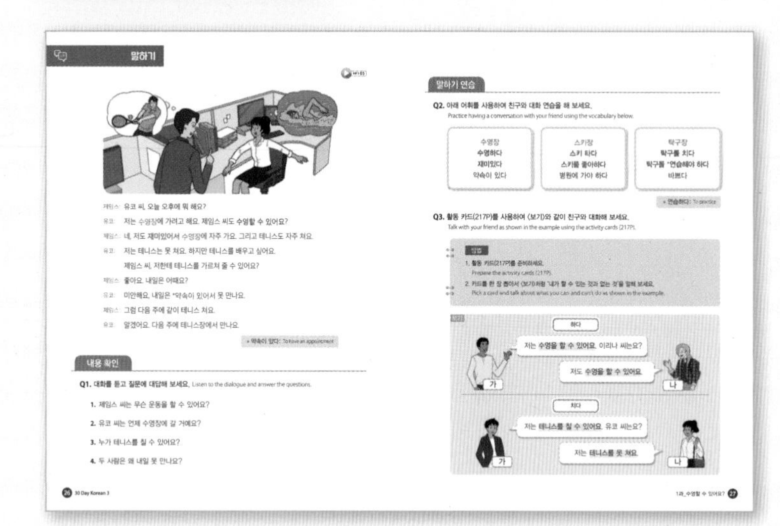

말하기

제임스: 유코 씨, 오늘 오후에 뭐 해요?
유코: 저는 수영장에 가려고 해요. 제임스 씨도 수영할 수 있어요?
제임스: 네, 저도 재미있어서 수영장에 자주 가요. 그리고 테니스도 자주 쳐요.
유코: 저는 테니스는 못 쳐요. 하지만 테니스를 배우고 싶어요.
제임스 씨, 저한테 테니스를 가르쳐 줄 수 있어요?
제임스: 좋아요. 내일은 어때요?
유코: 미안해요. 내일은 *약속이 있어서 못 만나요.
제임스: 그럼 다음 주에 같이 테니스 쳐요.
유코: 알겠어요. 다음 주에 테니스장에서 만나요.

* 약속이 있다: To have an appointment

내용 확인

Q1. 대화를 듣고 질문에 대답해 보세요. Listen to the dialogue and answer the questions.

1. 제임스 씨는 무슨 운동을 할 수 있어요?
2. 유코 씨는 언제 수영장에 갈 거예요?
3. 누가 테니스를 칠 수 있어요?
4. 두 사람은 왜 내일 못 만나요?

26 30 Day Korean 3

말하기 연습

Q2. 아래 어휘를 사용하여 친구와 대화 연습을 해 보세요.
Practice having a conversation with your friend using the vocabulary below.

수영장 수영하다 재미있다 약속이 있다	스키장 스키 타다 스키를 좋아하다 병원에 가야 하다	탁구장 탁구를 치다 탁구를 *연습해야 하다 바쁘다

* 연습하다: To practice

Q3. 활동 카드(217P)를 사용하여 〈보기〉와 같이 친구와 대화해 보세요.
Talk with your friend as shown in the example using the activity cards (217P).

1. 활동 카드(217P)를 준비하세요.
Prepare the activity cards (217P).
2. 카드를 한 장 뽑아서 〈보기〉처럼 '내가 할 수 있는 것과 없는 것'을 말해 보세요.
Pick a card and talk about what you can and can't do as shown in the example.

1과_수영할 수 있어요? 27

말하기 Speaking

주제 어휘와 목표 문법이 내포된 대화문으로 말하기 기능을 학습하도록 하였습니다.

A dialogue incorporating the vocabulary and grammar rule from the unit is presented to help build speaking skills.

내용 확인 / 말하기 연습
Check it / Speaking Practice

내용 확인 문제로 대화문의 이해도를 점검하고 말하기 연습 문제로 주요 문장 구조를 활용한 자유로운 대화 활동을 수행하도록 하였습니다.

Comprehension exercises will be completed to assess learners' comprehension and free form based conversations will be conducted using main sentence structures through the speaking exercises.

듣기 Listening

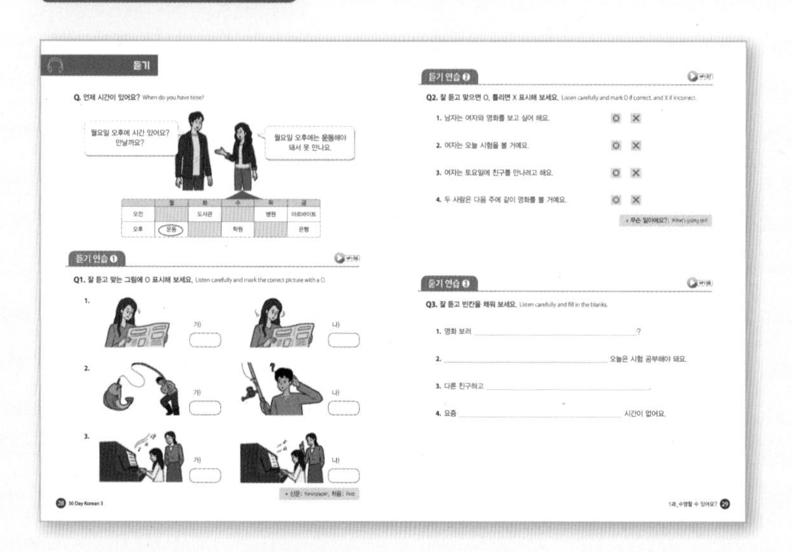

듣기

Q. 언제 시간이 있어요? When do you have time?

	월	화	수	목	금
오전		도서관		병원	아르바이트
오후	운동		학원		은행

듣기 연습 ❶

Q1. 잘 듣고 맞는 그림에 O 표시해 보세요. Listen carefully and mark the correct picture with a O.

1. 가) 나)
2. 가) 나)
3. 가) 나)

* 신문: Newspaper, 처음: First

28 30 Day Korean 3

듣기 연습 ❷

Q2. 잘 듣고 맞으면 O, 틀리면 X 표시해 보세요. Listen carefully and mark O if correct, and X if incorrect.

1. 남자는 여자와 영화를 보고 싶어 해요. O X
2. 여자는 오늘 시험을 볼 거예요. O X
3. 여자는 토요일에 친구를 만나려고 해요. O X
4. 두 사람은 다음 주에 같이 영화를 볼 거예요. O X

* 무슨 일이에요?: What's going on?

듣기 연습 ❸

Q3. 잘 듣고 빈칸을 채워 보세요. Listen carefully and fill in the blanks.

1. 영화 보러 ______________?
2. ______________ 오늘은 시험 공부해야 돼요.
3. 다른 친구하고 ______________.
4. 요즘 ______________ 시간이 없어요.

1과_수영할 수 있어요? 29

듣기 전 단계와 듣기 단계에서 수행하는 각각의 질문들을 통해 듣게 될 내용을 예측하고 들은 내용을 확인할 수 있도록 하였습니다.

Questions during the pre-listening and listening stages will help learners predict what they will hear and assess what they heard and understood.

읽기 Reading

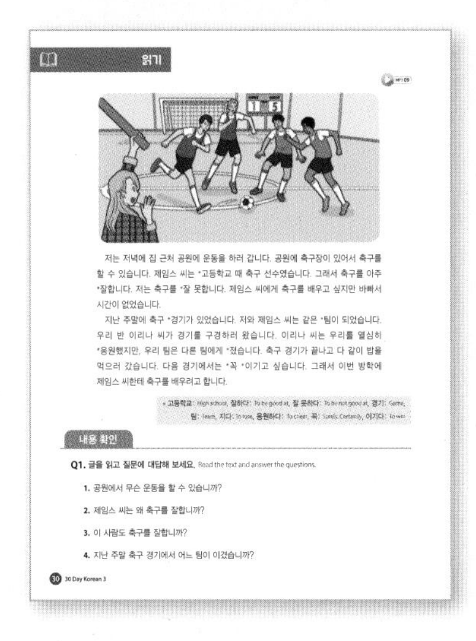

읽기

저는 저녁에 집 근처 공원에 운동을 하러 갑니다. 공원에 축구장이 있어서 축구를 할 수 있습니다. 제임스 씨는 *고등학교 때 축구 선수였습니다. 그래서 축구를 아주 *잘합니다. 저는 축구를 *잘 못합니다. 제임스 씨에게 축구를 배우고 싶지만 바빠서 시간이 없었습니다.

지난 주말에 축구 *경기가 있었습니다. 저와 제임스 씨는 같은 *팀이 되었습니다. 우리 반 이리나 씨가 경기를 구경하러 왔습니다. 이리나 씨는 우리를 열심히 *응원했지만, 우리 팀은 다른 팀에게 *졌습니다. 축구 경기가 끝나고 다 같이 밥을 먹으러 갔습니다. 다음 경기에서는 *꼭 *이기고 싶습니다. 그래서 이번 방학에 제임스 씨한테 축구를 배우려고 합니다.

* 고등학교: High school, 잘하다: To be good at, 잘 못하다: To be not good at, 경기: Game, 팀: Team, 지다: To lose, 응원하다: To cheer, 꼭: Surely, Certainly, 이기다: To win

내용 확인

Q1. 글을 읽고 질문에 대답해 보세요. Read the text and answer the questions.

1. 공원에서 무슨 운동을 할 수 있습니까?
2. 제임스 씨는 왜 축구를 잘합니까?
3. 이 사람도 축구를 잘합니까?
4. 지난 주말 축구 경기에서 어느 팀이 이겼습니까?

30 30 Day Korean 3

학습자의 수준에 맞는 실제적이고 다양한 종류의 글을 내용 확인 문제와 함께 제시하였습니다.

Practical and various types of texts appropriate for the learner's levels are presented with comprehension exercise.

쓰기 Writing

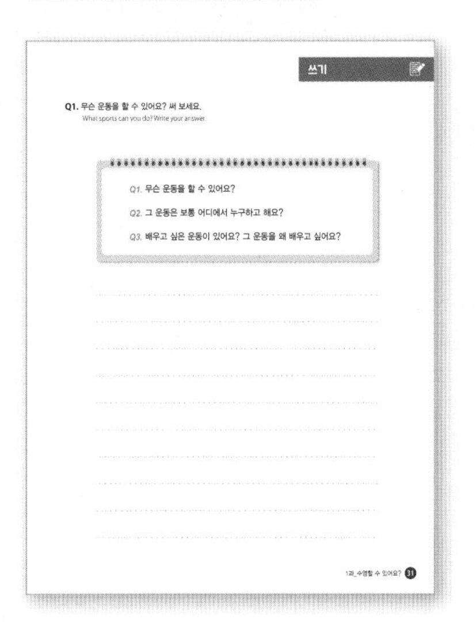

쓰기

Q1. 무슨 운동을 할 수 있어요? 써 보세요.
What sports can you do? Write your answer.

Q1. 무슨 운동을 할 수 있어요?
Q2. 그 운동은 보통 어디에서 누구하고 해요?
Q3. 배우고 싶은 운동이 있어요? 그 운동을 왜 배우고 싶어요?

1과_수영할 수 있어요? 31

학습 목표 및 주제를 고려하여 학습자의 수준에 맞는 다양한 종류의 글쓰기 활동이 이루어지도록 하였습니다.

To meet the learning objectives and topics, various forms of writing activities are presented based on the learning level of the student.

문화 & 발음 Culture & Pronunciation

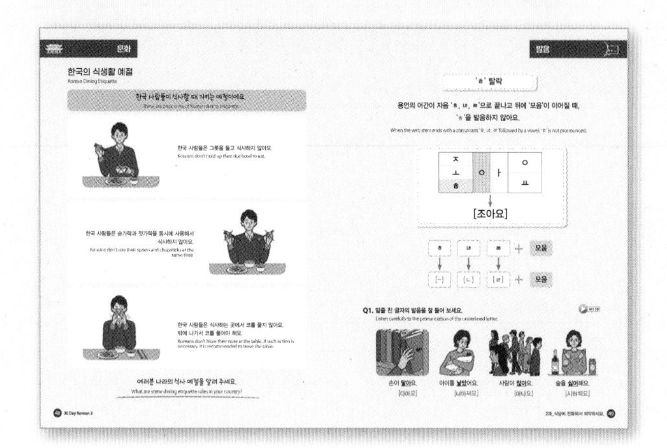

문화 Culture

삽화와 설명을 보며 한국을 이해하고 생활하는데 필요한 실용 정보를 얻을 수 있도록 하였습니다.

Illustrations and explanations are provided to help learners understand Korea and gain practical knowledge essential to living in Korea.

발음 Pronunciation

도식화된 발음 규칙을 보며 한눈에 원리를 파악할 수 있도록 하였으며 삽화를 통해 실제 대화에 적용되는 사례를 쉽게 이해할 수 있도록 하였습니다.

The schematic pronunciation rules will help learners grasp the principles at a glance, and the illustrations will give them an understanding of how these rules apply in real-life conversations.

차례 Contents

내용 구성표 Table of Contents

말하기	듣기	읽기	쓰기	문화&발음
저에게 테니스를 가르쳐 줄 수 있어요?	다른 친구하고 약속이 있어서 못 가요.	공원에 축구장이 있어서 축구를 할 수 있습니다.	무슨 운동을 할 수 있어요?	
매운 음식을 못 먹으면 어떻게 해야 돼요?	식당에 가기 전에 전화해서 예약하세요.	식당에 가서 한국 음식을 먹으려고 합니다.	여러분의 집 근처에 좋은 식당이 있어요?	한국의 식생활 예절, 'ㅎ' 탈락
바다를 보려고요.	여행이 끝난 다음에는 도서관에 가서 영어 공부도 했어요.	두 사람은 내년에도 설악산에 놀러 오기로 했습니다.	이번 휴일에 뭐 할 거예요?	
그림을 만지면 안 돼요.	미술관에서 빵을 먹어도 돼요 ?	제가 미술관을 안내해 드릴게요.	미술관 이용 규칙을 만들어 보세요.	한국의 미술관, 격음화③
저는 빨간색 치마를 입고 있어요.	언니는 옆에 파란 원피스를 입고 있는 사람이에요.	저는 하얀 후드 티를 입고 가방을 들고 있습니다.	지금 어떤 옷을 입고 있어요?	
이 바지 좀 바꿔 주시겠어요?	이 바지를 작은 사이즈로 바꿔 주시거나 환불해 주세요.	이 글을 보시면 제 휴대폰이나 이메일로 연락해 주십시오.	물건을 교환하거나 환불하고 싶어요.	한국의 쇼핑, 격음화④
날씨가 많이 더워졌어요.	정말 예쁠 것 같아요.	날씨가 더우니까 시원한 산이나 바다로 갑니다.	오늘 날씨가 어때요 ?	
제가 써 보니까 화면이 좀 작아서 불편해요.	조용하고 가벼워서 좋아하시는 분들이 많아요.	제가 주문한 에어컨이 도착했습니다.	여러분이 사용해 본 전자 제품의 특징을 써 보세요.	한국의 날씨, 경음화②
오늘 서점에 가면 사람이 많을까요?	버스 정류장에서부터 걸어서 10분 정도 걸릴 거예요.	쭉 가다가 사거리에서 횡단보도를 건너서 오른쪽으로 돌면 공원이 나와요.	집에서 학원까지 오는 길을 설명해 보세요.	
우리 아버지는 농구 선수처럼 키가 커요.	어머니께서 들으면 기뻐하실 거예요.	할머니도 잘 지내시지요?	부모님께 친구를 소개하는 편지를 써 보세요	서울 종로 관광지, 경음화③

등장인물 Characters

조나단
나이: 32
직업: 의사
국적: 프랑스
GREEN KOREAN
빈슨
나이: 27
직업: 요리사
국적: 미국
유코
나이: 28
직업: 회사원
국적: 일본
30 Day Korean 3

1과 수영할 수 있어요?

학습 목표

할 수 있는 운동에 대해서 묻고 답할 수 있다.

어휘	운동
문법	V-(으)ㄹ 수 있다/없다
	못 V, V-지 못하다
	V/A-아/어서 [①이유]
말하기	저에게 테니스를 가르쳐 줄 수 있어요?
듣기	다른 친구하고 약속이 있어서 못 가요.
읽기	공원에 축구장이 있어서 축구를 할 수 있습니다.
쓰기	무슨 운동을 할 수 있어요?

어휘

어휘 학습

운동 Sports

하다

축구
Football

야구
Baseball

농구
Basketball

치다

테니스
Tennis

탁구
Table tennis

타다

스키
Skiing

달리기
Running

선수
Athlete

체육관
Gym

(운동 이름) + 장: 운동하는 장소 A place to exercise

운동장	수영장	테니스장
Playground	Swimming pool	Tennis court

(운동 이름) + 화: 운동할 때 신는 신발 Shoes for exercising

운동화	축구화	농구화
Sneakers	Football shoes	Basketball shoes

어휘 연습

Q1. 그림과 어휘를 연결해 보세요. Match the pictures to the vocabulary words.

1. • ·· • a. 축구
2. • • b. 달리기
3. • • c. 탁구
4. • • d. 테니스
5. • • e. 농구
6. • • f. 스키

Q2. 〈보기〉에서 알맞은 어휘를 골라 빈칸을 채워 보세요.
Choose the correct word from the box and fill in the blanks.

보기	하다	치다	타다	수영장	운동화	선수

1. 친구와 스키를 ______________________. [-(으)ㄹ 거예요]

2. 산에 가요. 편한 ______________________[을/를] *신으세요.

3. 주말에 같이 농구______________________? [-(으)ㄹ까요]

4. 수영하러 ______________________[에] 갔어요.

5. 저는 *매일 오후에 테니스를 ______________________. [-아/어요]

* 신다: To wear (shoes), 매일: Daily

문법 학습

V-(으)ㄹ 수 있다/없다

의미 Meaning

- 어떤 일이 일어날 가능성이나 어떤 일을 할 수 있는 능력을 나타낼 때 사용해요. 그러한 가능성이나 능력이 있을 때는 '-(으)ㄹ 수 있다'를 사용하고, 없을 때는 '-(으)ㄹ 수 없다'를 사용해요.
  '-(으)ㄹ 수 있다/없다' is added to a verb stem to express possibility or ability, where '-(으)ㄹ 수 있다' is used to indicate that someone or something is able to do something, or when something is possible, while '-(으)ㄹ 수 없다' is used to indicate that someone or something is not able to do something, or when something is impossible.

형태 Form

받침 O	-을 수 있다/없다	읽다: 읽 + -을 수 있다/없다	→ 읽을 수 있다/없다
받침 X	-ㄹ 수 있다/없다	마시다: 마시 + -ㄹ 수 있다/없다	→ 마실 수 있다/없다

예문

1. 저는 매운 음식을 **먹을 수 있어요.**
2. 도서관에서 **전화할 수 없어요.**
3. 친구는 한국 음식을 **만들 수 있어요.**
4. 어제는 추웠어요. 그래서 **수영할 수 없었어요.**

Q. 여러분은 무엇을 할 수 있어요? 〈보기〉와 같이 쓰고 친구와 이야기해 보세요.

What can you do? Write your answer and discuss it with your friend as shown in the example.

보기 저는 축구를 할 수 있어요.

1. ______________________
2. ______________________
3. ______________________
4. ______________________
5. ______________________

문법 연습

Q1. 그림을 보고 문장을 완성해 보세요. Look at the pictures and complete the sentences.

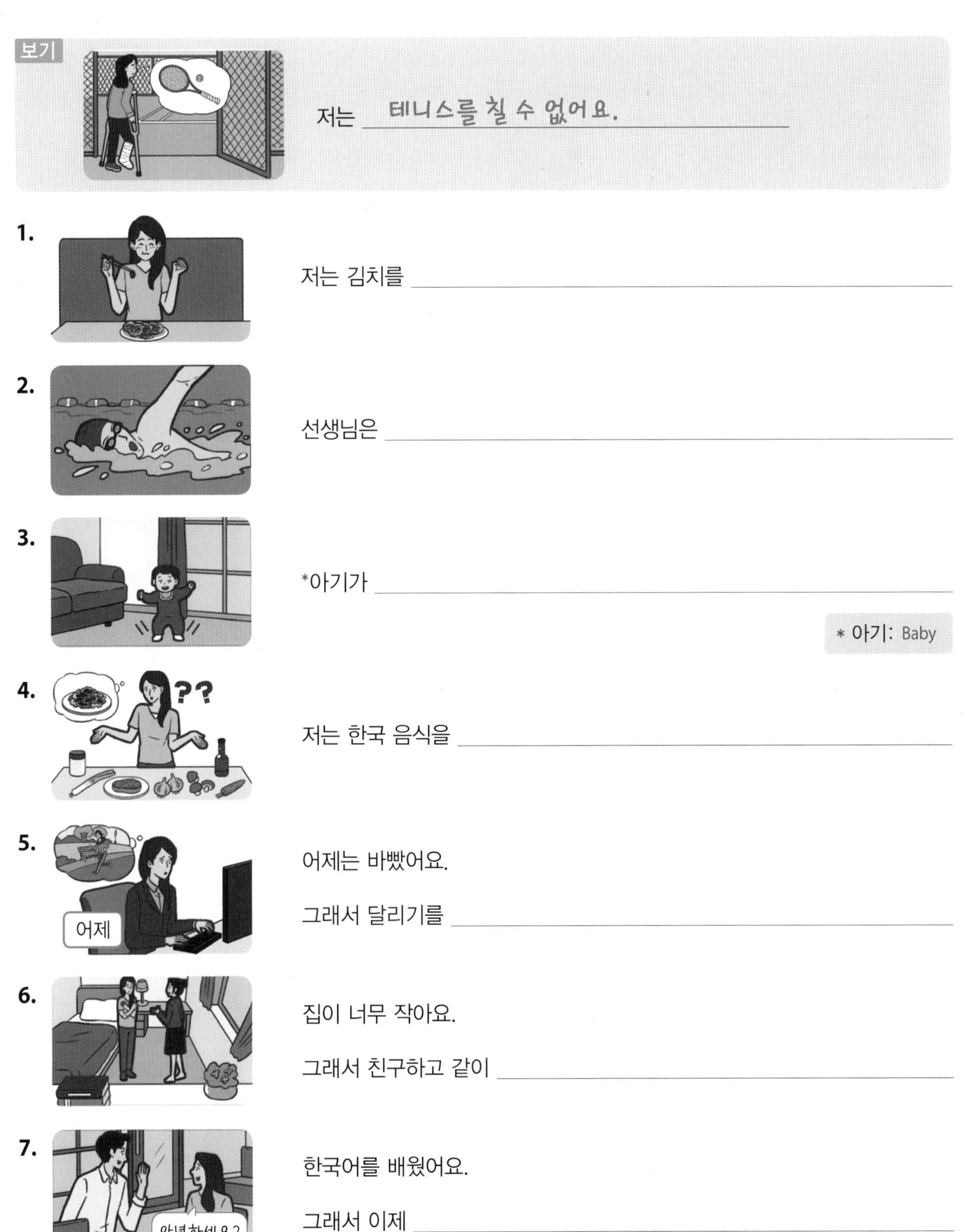

보기

저는 테니스를 칠 수 없어요.

1. 저는 김치를 ______________________

2. 선생님은 ______________________

3. *아기가 ______________________

* 아기: Baby

4. 저는 한국 음식을 ______________________

5. 어제는 바빴어요.

   그래서 달리기를 ______________________

6. 집이 너무 작아요.

   그래서 친구하고 같이 ______________________

7. 한국어를 배웠어요.

   그래서 이제 ______________________

문법 학습

못 V, V-지 못하다

의미 Meaning

• 어떤 행동을 할 능력이 없거나 어떤 원인 때문에 그 행위가 일어나지 않음을 나타내요.
"못" is added in front of a verb and '-지 못하다' is added to a verb stem to indicate that a certain action does not take place due to inability or for whatever reason.

형태 Form

		못 V	V-지 못하다
받침 O	먹다:	못 + 먹다 ➞ 못 먹다	먹 + -지 못하다 ➞ 먹지 못하다
받침 X	가다:	못 + 가다 ➞ 못 가다	가 + -지 못하다 ➞ 가지 못하다

예문

1. 오늘은 학교에 **못 가요.** / **가지 못해요.**
2. 친구는 김치를 **못 먹어요.** / **먹지 못해요.**
3. 저는 수영을 **못 해요.** / **하지 못해요.**
4. 미나 씨는 숙제를 **못 했어요.** / **하지 못했어요.**

Tip!

'N하다' 동사는 'N 못 하다' 형태로 써요.
"N하다" verbs are negated by adding '못' to the front of the verb, forming '못 하다'.
• 청소하다 → 청소 못 하다.
• 운동하다 → 운동 못 하다.

Q. 〈보기〉와 같이 친구와 이야기해 보세요. Talk with your friend as shown in the example.

보기

수영하다

가: 민수 씨, 수영할 수 있어요?
나: 네, 수영할 수 있어요. / 아니요, 수영 못 해요.

질문	나	친구
1. 스키를 타다		
2. 케이크를 만들다		
3. 무서운 영화를 보다		

문법 연습

Q1. 그림을 보고 대화를 완성해 보세요. Look at the pictures and complete the dialogue.

보기

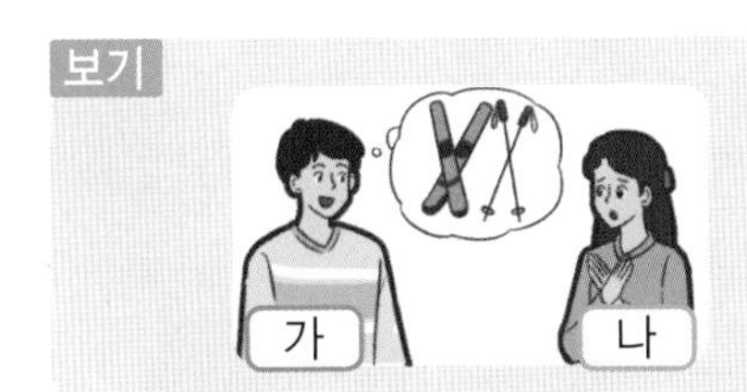

가: 스키를 탈 수 있어요?

나: 아니요, 못 타요.

1.

가: 한국 음식을 만들 수 있어요?

나: 아니요, ______________________

2.

가: 우리 좀 걸어요.

나: 발이 아파요. 그래서 ______________________

3.

가: 저에게 농구를 가르쳐 주세요.

나: 미안하지만 저도 ______________________

4.

가: 생선 요리 좋아해요?

나: 아니요, 저는 생선을 ______________________

5.

가: 숙제를 주세요.

나: 죄송합니다. 선생님.
어제 숙제를 ______________________

Q2. 정답에 동그라미 표시해 보세요. Circle the correct answer.

1. 팔을 다쳤어요. 그래서 농구를 안/못 해요.

2. 저는 커피를 안 좋아해요. 그래서 안/못 마셔요.

3. 집에서 쉬고 싶었어요. 그래서 *파티에 안/못 갔어요.

4. 한국어를 *몰라요. 그래서 한국어로 이야기를 안/못 해요.

5. 음식이 너무 많아요. 그래서 다 안/못 먹어요.

* 파티: Party, 모르다: Do not know

문법 3

문법 학습

V/A-아/어서 [①이유]

의미 Meaning

• 이유를 말할 때 사용해요.
'-아/어서' is added to the stem of a verb or an adjective to indicate a cause or a reason.

형태 Form

ㅏ, ㅗ		-아서	싸다: 싸 + -아서 → 싸서
ㅏ, ㅗ X		-어서	먹다: 먹 + -어서 → 먹어서
-하다		-해서	일하다: 일 + -해서 → 일해서
명사	받침 O	-이라서	방학: 방학 + -이라서 → 방학이라서
	받침 X	-라서	휴가: 휴가 + -라서 → 휴가라서

예문
1. *배가 **아파서** 약을 먹었어요.
2. 밥을 **먹어서** 배가 안 고파요.
3. **청소해서** 집이 깨끗해요.
4. **일요일이라서** 학교에 안 가요.

* 배가 아프다: To have a stomachache

① 문장의 시제는 뒤 절에만 제시해요.
'The tense of a sentence is only expressed in the second clause.

[어제]
① 생일 파티가 있었어요. + ② 친구 집에 갔어요.

O	X
어제 생일 파티가 **있어서** 친구 집에 갔어요.	어제 생일 파티가 **있었어서** 친구 집에 갔어요.

어제	어제 생일 파티가 있어서 친구 집에 갔어요.
오늘	오늘 생일 파티가 있어서 친구 집에 가요.
내일	내일 생일 파티가 있어서 친구 집에 갈 거예요.

② 'V/A-아/어서' 뒤에는 명령의 '-(으)세요', 청유의 '-(으)ㄹ까요?'는 사용할 수 없어요.
'-(으)세요' or '-(으)ㄹ까요' cannot be used after 'V/A-아/어서' to give a command or to ask for something, respectively.

• 비가 **와서** 공원에 **가지 마세요**. (X)
• 비가 **와서** 같이 *우산을 **쓸까요**? (X)

* 우산을 쓰다: To use an umbrella

문법 연습

Q1. 그림을 보고 대화를 완성해 보세요. Look at the pictures and complete the dialogue.

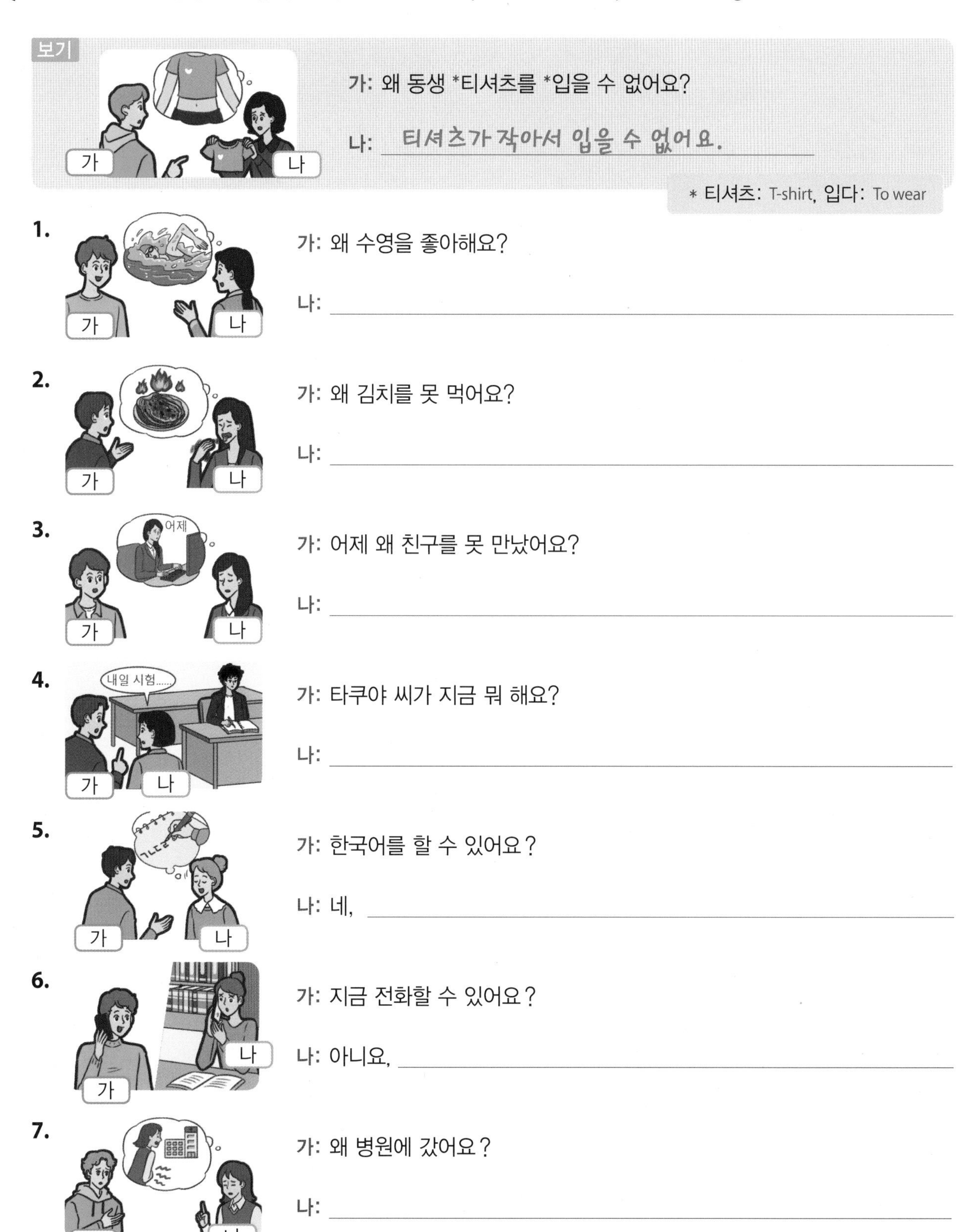

보기

가: 왜 동생 *티셔츠를 *입을 수 없어요?

나: 티셔츠가 작아서 입을 수 없어요.

* 티셔츠: T-shirt, 입다: To wear

1. 가: 왜 수영을 좋아해요?

   나: ______________________

2. 가: 왜 김치를 못 먹어요?

   나: ______________________

3. 가: 어제 왜 친구를 못 만났어요?

   나: ______________________

4. 가: 타쿠야 씨가 지금 뭐 해요?

   나: ______________________

5. 가: 한국어를 할 수 있어요?

   나: 네, ______________________

6. 가: 지금 전화할 수 있어요?

   나: 아니요, ______________________

7. 가: 왜 병원에 갔어요?

   나: ______________________

말하기

제임스: 유코 씨, 오늘 오후에 뭐 해요?

유코: 저는 수영장에 가려고 해요. 제임스 씨도 수영할 수 있어요?

제임스: 네, 저도 재미있어서 수영장에 자주 가요. 그리고 테니스도 자주 쳐요.

유코: 저는 테니스는 못 쳐요. 하지만 테니스를 배우고 싶어요.
제임스 씨, 저한테 테니스를 가르쳐 줄 수 있어요?

제임스: 좋아요. 내일은 어때요?

유코: 미안해요, 내일은 *약속이 있어서 못 만나요.

제임스: 그럼 다음 주에 같이 테니스 쳐요.

유코: 알겠어요. 다음 주에 테니스장에서 만나요.

* 약속이 있다: To have an appointment

내용 확인

Q1. 대화를 듣고 질문에 대답해 보세요. Listen to the dialogue and answer the questions.

1. 제임스 씨는 무슨 운동을 할 수 있어요?

2. 유코 씨는 언제 수영장에 갈 거예요?

3. 누가 테니스를 칠 수 있어요?

4. 두 사람은 왜 내일 못 만나요?

말하기 연습

Q2. 아래 어휘를 사용하여 친구와 대화 연습을 해 보세요.

Practice having a conversation with your friend using the vocabulary below.

수영장 **수영하다** 재미있다 약속이 있다	스키장 **스키 타다** 스키를 좋아하다 병원에 가야 하다	탁구장 **탁구를 치다** 탁구를 *연습해야 하다 바쁘다

* 연습하다: To practice

Q3. 활동 카드(217P)를 사용하여 〈보기〉와 같이 친구와 대화해 보세요.

Talk with your friend as shown in the example using the activity cards (217P).

방법

1. 활동 카드(217P)를 준비하세요.
   Prepare the activity cards (217P).
2. 카드를 한 장 뽑아서 〈보기〉처럼 '내가 할 수 있는 것과 없는 것'을 말해 보세요.
   Pick a card and talk about what you can and can't do as shown in the example.

듣기

Q. 언제 시간이 있어요? When do you have time?

	월	화	수	목	금
오전		도서관		병원	아르바이트
오후	운동		학원		은행

듣기 연습 ❶

Q1. 잘 듣고 맞는 그림에 O 표시해 보세요. Listen carefully and mark the correct picture with a O.

1.

가)

나)

2.

가)

나)

3.

가)

나)

* 신문: Newspaper, 처음: First

듣기 연습 ❷

MP3 07

Q2. 잘 듣고 맞으면 O, 틀리면 X 표시해 보세요. Listen carefully and mark O if correct, and X if incorrect.

1. 남자는 여자와 영화를 보고 싶어 해요. O X

2. 여자는 오늘 시험을 볼 거예요. O X

3. 여자는 토요일에 친구를 만나려고 해요. O X

4. 두 사람은 다음 주에 같이 영화를 볼 거예요. O X

* 무슨 일이에요?: What's going on?

듣기 연습 ❸

Q3. 잘 듣고 빈칸을 채워 보세요. Listen carefully and fill in the blanks.

1. 영화 보러 ______________________?

2. ______________________ 오늘은 시험 공부해야 돼요.

3. 다른 친구하고 ______________________.

4. 요즘 ______________________ 시간이 없어요.

저는 저녁에 집 근처 공원에 운동을 하러 갑니다. 공원에 축구장이 있어서 축구를 할 수 있습니다. 제임스 씨는 *고등학교 때 축구 선수였습니다. 그래서 축구를 아주 *잘합니다. 저는 축구를 *잘 못합니다. 제임스 씨에게 축구를 배우고 싶지만 바빠서 시간이 없었습니다.

지난 주말에 축구 *경기가 있었습니다. 저와 제임스 씨는 같은 *팀이 되었습니다. 우리 반 이리나 씨가 경기를 구경하러 왔습니다. 이리나 씨는 우리를 열심히 *응원했지만, 우리 팀은 다른 팀에게 *졌습니다. 축구 경기가 끝나고 다 같이 밥을 먹으러 갔습니다. 다음 경기에서는 *꼭 *이기고 싶습니다. 그래서 이번 방학에 제임스 씨한테 축구를 배우려고 합니다.

* 고등학교: High school, 잘하다: To be good at, 잘 못하다: To be not good at, 경기: Game, 팀: Team, 지다: To lose, 응원하다: To cheer, 꼭: Surely, Certainly, 이기다: To win

내용 확인

Q1. 글을 읽고 질문에 대답해 보세요. Read the text and answer the questions.

1. 공원에서 무슨 운동을 할 수 있습니까?

2. 제임스 씨는 왜 축구를 잘합니까?

3. 이 사람도 축구를 잘합니까?

4. 지난 주말 축구 경기에서 어느 팀이 이겼습니까?

Q1. 무슨 운동을 할 수 있어요? 써 보세요.

What sports can you do? Write your answer.

Q1. 무슨 운동을 할 수 있어요?

Q2. 그 운동은 보통 어디에서 누구하고 해요?

Q3. 배우고 싶은 운동이 있어요? 그 운동을 왜 배우고 싶어요?

2과 식당에 전화해서 예약하세요.

식당 정보를 확인하고 예약할 수 있다.

어휘	식당 예약 & 주문
문법	V-아/어서 [②순서]
	V/A-(으)면
	V-기 전에
말하기	매운 음식을 못 먹으면 어떻게 해야 돼요?
듣기	식당에 가기 전에 전화해서 예약하세요.
읽기	식당에 가서 한국 음식을 먹으려고 합니다.
쓰기	여러분의 집 근처에 좋은 식당이 있어요?
문화 & 발음	한국의 식생활 예절, 'ㅎ' 탈락

어휘

 어휘 학습

식당 예약 & 주문 Restaurant reservation & Order

찾아가다
To go to

고르다
To choose

주문하다, 시키다
To order

(음식이) 나오다
To serve (food)

계산하다
To pay

메뉴
Menu

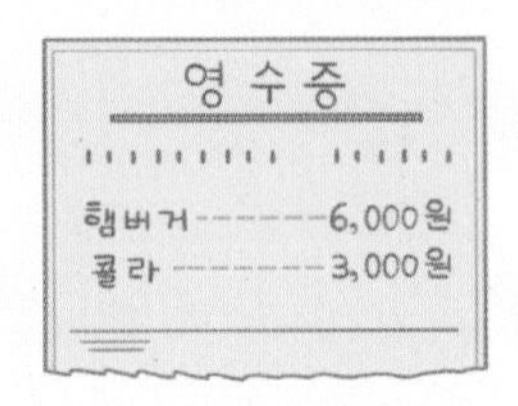

영수증
Receipt

서비스
Service

분위기
Mood

종업원
Server

손님
Guest

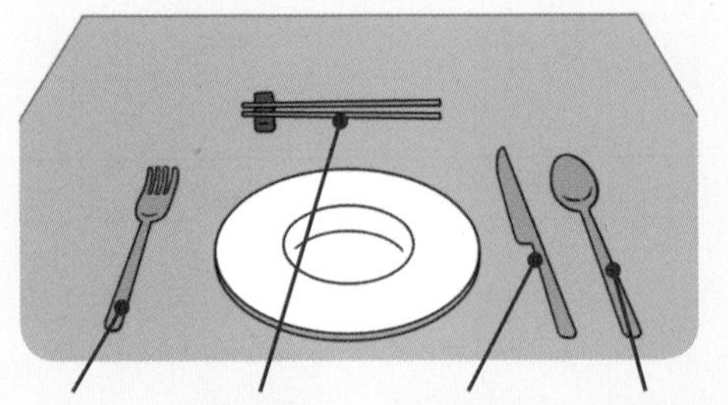

포크
Fork

젓가락
Chopsticks

나이프
Table-knife

숟가락
Spoon

어휘 연습

Q1. 다음 리뷰를 보고 빈칸에 알맞은 단어를 써 보세요.

Look at the following review and write the correct words in the blanks.

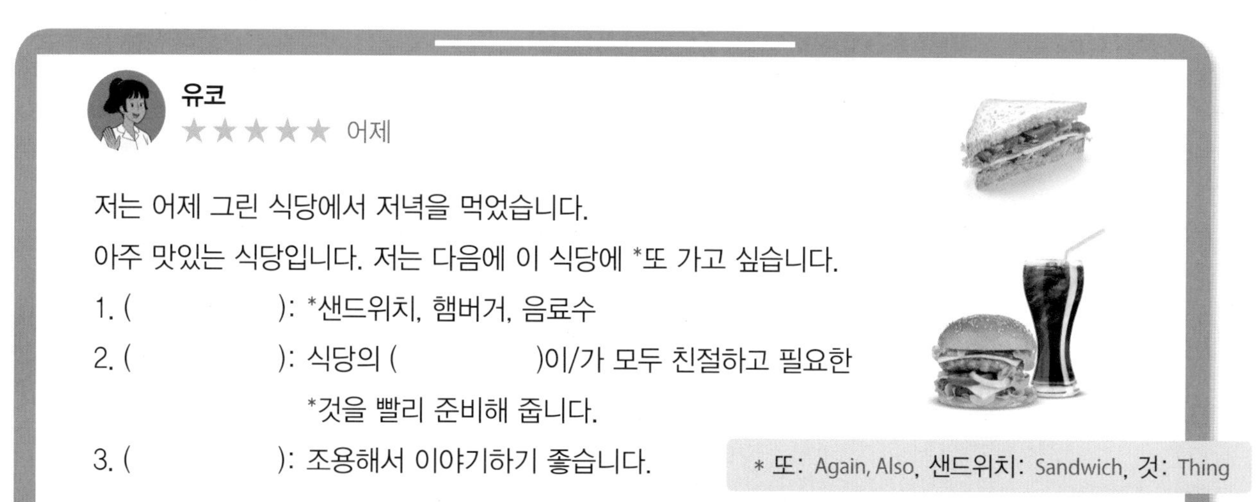

유코

★★★★★ 어제

저는 어제 그린 식당에서 저녁을 먹었습니다.

아주 맛있는 식당입니다. 저는 다음에 이 식당에 *또 가고 싶습니다.

1. (   ): *샌드위치, 햄버거, 음료수
2. (   ): 식당의 (   )이/가 모두 친절하고 필요한 *것을 빨리 준비해 줍니다.
3. (   ): 조용해서 이야기하기 좋습니다.

* 또: Again, Also, 샌드위치: Sandwich, 것: Thing

Q2. 〈보기〉에서 알맞은 어휘를 골라 빈칸을 채워 보세요.

Choose the correct word from the box and fill in the blanks.

보기			
찾아가다	고르다	주문하다	나오다
계산하다	영수증	숟가락	젓가락

1. 가: 뭐 ______________________________? [-았/었어요]

나: 불고기를 시켰어요.

2. 가: ______________________________. [-아/어 주세요]

나: 네, 모두 50,000원입니다.

3. 가: 손님, 김치찌개 ______________________________. [-았/었습니다]

나: 우와! *잘 먹겠습니다.

4. 가: 마시고 싶은 음료수를 ______________________________? [-았/었어요]

나: 저는 *오렌지 주스를 마시고 싶어요.

5. 한국에서는 보통 밥을 ______________________________[-(으)로] 먹고

반찬을 ______________________________[-(으)로] 먹습니다.

* 잘 먹겠습니다: Thanks for the food, 오렌지: Orange

문법 학습

V-아/어서 [②순서]

의미 Meaning

- 일이 일어난 순서를 나타내요.
  어떤 일을 하고 그것과 관계가 있는 일을 다음에 할 때 사용해요.
  '-아/어서' is added to a verb stem to indicate the order in which two actions take place. It is used when one action leads to another action.

형태 Form

ㅏ, ㅗ	–아서	찾다: 찾 + –아서 → 찾아서
ㅏ, ㅗ X	–어서	만들다: 만들 + –어서 → 만들어서
–하다	–해서	요리하다: 요리 + –해서 → 요리해서

예문
1. 선생님을 **만나서** 같이 커피를 마셨어요.
2. 음식을 **만들어서** 친구하고 먹을 거예요.
3. 아침에 **일어나서** 샤워했어요.
4. 버스에서 **내려서** 학교까지 걸어서 가요.

① 과거, 미래는 뒤에 표시해요.
Tense is only expressed in the second clause.
- 어제 집에 갔어서 밥을 먹었어요. (X)
  → 어제 집에 가서 밥을 먹었어요. (O)

② '가다', '오다', '일어나다', '만나다', '만들다', '사다', '내리다' 등의 동사와 자주 사용해요.
It is often used with verbs such as '가다', '오다', '일어나다', '만나다', '만들다', '사다', '내리다', etc.
- 도서관에 가서 공부했어요.

③ '–아/어서'는 앞선 동작이 뒤에 이어질 동작의 전제가 될 때 사용해요. 하지만 '–고'는 두 동작을 연관성 없이 단지 시간 순서에 따라 나타낼 때 사용해요.
'–아/어서' is used when the preceding action serves as a basis for the subsequent action. In contrast, '–고' is used when two actions are expressed in chronological order and and have no direct relationship with one another.
- 케이크를 만들어서 친구에게 줬어요.
- 케이크를 만들고 친구를 만났어요.

문법 연습

Q1. 그림을 보고 질문에 대답해 보세요. Look at the picture and answer the questions.

보기

가: 어제 저녁에 뭐 했어요?

나: 식당에 가서 밥을 먹었어요.

1. PC방

가: 내일 뭐 할 거예요?

나: ______________________

2.

가: 어제 식당에서 점심을 먹었어요?

나: ______________________

3.

가: 아침에 뭐 했어요?

나: ______________________

4.

가: 서점에 이 책이 없어요. 어떻게 이 책을 읽었어요?

나: ______________________

5.

가: 유코 씨한테 생일선물로 뭐 줄 거예요?

나: ______________________

Q2. 정답에 동그라미 표시해 보세요. Circle the correct answer.

1. 청소를 하고/해서 숙제를 하세요.

2. 샌드위치를 시키고/시켜서 먹었어요.

3. 그림을 그리고/그려서 친구에게 주고 싶어요.

4. 옷을 사고/사서 점심을 먹으러 가요.

5. 학원에 오고/와서 한국어를 배우고 있어요.

문법 학습

MP3 12

V/A-(으)면

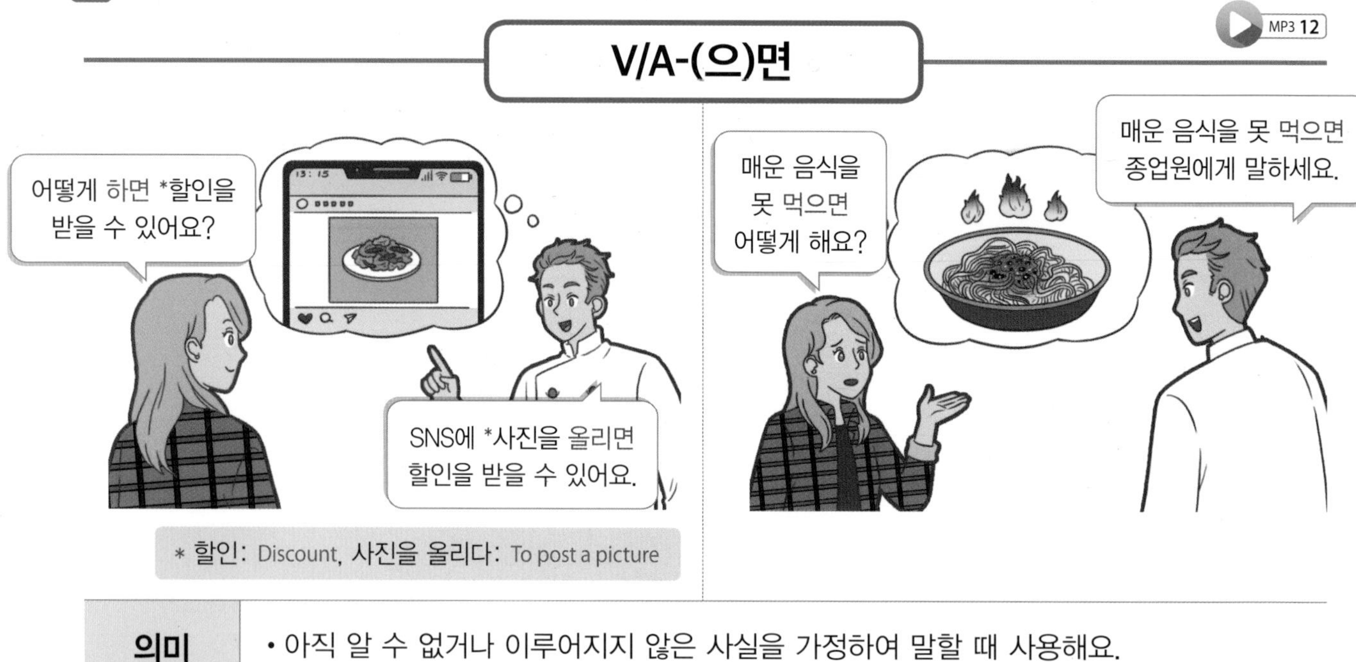

* 할인: Discount, 사진을 올리다: To post a picture

의미 Meaning

• 아직 알 수 없거나 이루어지지 않은 사실을 가정하여 말할 때 사용해요.
'-(으)면' is used to assume a fact that is uncertain and has not yet occurred.

형태 Form

받침 O	–으면	먹다: 먹 + –으면 → 먹으면
받침 X	–면	비싸다: 비싸 + –면 → 비싸면

예문
1. 시간이 **있으면** 영화를 보러 가요.
2. 수업이 **끝나면** 집에 갈 거예요.
3. 노래를 **들으면** 기분이 좋아요.
4. 케이크를 **만들면** 같이 먹어요.
5. **추우면** 따뜻한 옷을 입으세요.

Q. 〈보기〉처럼 쓰고 말해 보세요. Write the sentences and talk using '–(으)면' as shown in the example.

보기
시간이 있다 → 시간이 있으면 여행을 가고 싶어요.

1. *기분이 나쁘다 → ____________
2. 돈이 아주 많다 → ____________
3. 음식이 너무 맵다 → ____________
4. 집이 회사에서 멀다 → ____________
5. 유명한 사람을 만나다 → ____________

* 기분: Feelings

문법 연습

Q1. 그림을 보고 문장을 완성해 보세요. (6번~7번 문제는 자유롭게 대답해 보세요.)

Look at the pictures and complete the sentences. (Answer questions 6 and 7 freely.)

보기

한국에 가면 경복궁에 가고 싶어요.

1. 저는 음식에 ________________ 못 먹어요.

2. 케이크가 ________________ 사지 않을 거예요.

3. 저는 ________________ 기분이 아주 좋아요.

4. ________________ 물을 좀 드세요.

5. 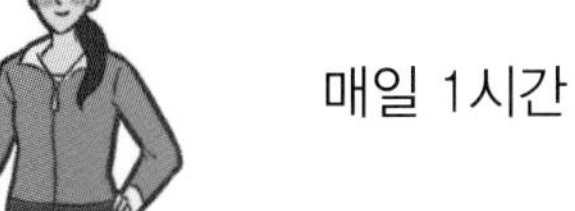

   매일 1시간 정도 ________________ 건강에 좋아요.

6. 가: 피곤해요.

   나: ________________________________

7. 가: 한국어가 어려워요.

   나: ________________________________

문법 3

문법 학습

V-기 전에

의미 Meaning	• 뒤의 행동이 앞의 행동보다 먼저 일어났음을 나타내요. '-기 전에' is added to a verb stem to indicate that the latter action occurred before the former action.

형태 Form

받침 O	–기 전에	입다: 입 + –기 전에 ➞ 입기 전에
받침 X	–기 전에	보다: 보 + –기 전에 ➞ 보기 전에
명사	+ 전에	10분: 10분 + 전에 ➞ 10분 전에

1. 아침을 **먹기 전에** 산책해요.
2. 친구를 **만나기 전에** 숙제를 다 했어요.
3. **30분 전에** 점심을 먹었어요.

Tip!

'부터, 까지'와 함께 사용할 수 있어요. 이때 '에'는 없어져요.
It can be used with '부터,' '까지.' '에' is omitted in this case.

• 한국에 오기 전부터 한국 영화를 좋아했어요.
• 친구를 만나기 전까지 일을 다 해야 해요.

Q. 다음 그림을 보고 〈보기〉와 같이 식당에서 식사하는 순서를 이야기해 보세요.
Look at the pictures below and talk about the order of dining at a restaurant as shown in the example.

보기

가: 식당에서 음식을 먹기 전에 무엇을 해야 해요?
나: 음식을 먹기 전에 주문해야 해요.

문법 연습

Q1. 그림을 보고 대화를 완성해 보세요. Look at the pictures and complete the dialogue.

보기

가: 유코 씨, 우리 밥 먹어요.

나: 밥을 먹기 전에 손을 씻으세요.

1.

가: 주말에 영화를 보려고 해요.

나: 주말에는 사람이 많아요. 그러니까 ____________________

2.

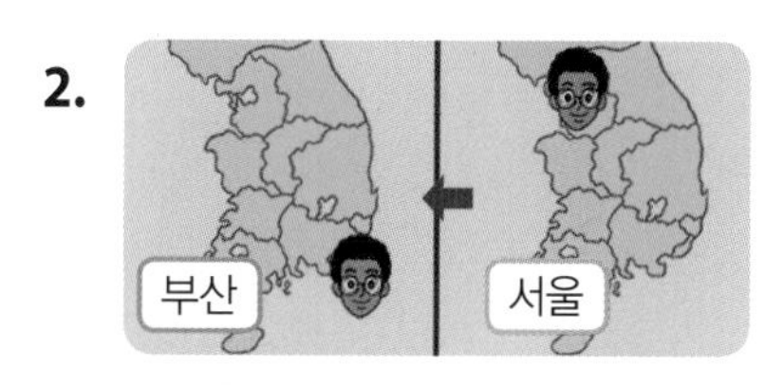

가: 조나단 씨는 계속 서울에 살았어요?

나: 아니요, ____________________

3.

가: 언제 일어났어요?

나: ____________________

4.

가: 어제 이리나 씨의 *이메일을 봤어요?

나: 네, ____________________

* 이메일: Email

5.

가: 오늘 시간이 있어요?

나: 아니요, ____________________

6.

가: 언제까지 학교에 와야 돼요?

나: ____________________

7.

?

가: 보통 언제 저녁 식사해요?

나: ____________________

말하기

타쿠야: 이리나 씨, 어제 뭐 했어요?

이리나: 유명한 식당에 가서 밥을 먹었어요.

타쿠야: 그 식당은 예약해야 돼요?

이리나: 네, 저는 일주일 전에 예약했어요.

타쿠야: 저도 가고 싶어요. 그 식당은 어떻게 예약해요?

이리나: 식당에 전화해서 예약하세요.

타쿠야: 음식 할인을 받을 수 있어요?

이리나: 네, 음식 사진을 SNS에 올리면 할인을 받을 수 있어요.

타쿠야: 그래요? 알겠어요. 그리고 *혹시 매운 음식을 못 먹으면 어떻게 해야 돼요?

이리나: 주문하기 전에 종업원한테 말하세요.

타쿠야: 알겠어요. 가르쳐 줘서 고마워요.

* 혹시: Prehaps, Maybe

내용 확인

Q1. 대화를 듣고 질문에 대답해 보세요. Listen to the dialogue and answer the questions.

1. 이리나 씨는 어디에서 식사했어요?

2. 이리나 씨는 어떻게 식당을 예약했어요?

3. 할인을 받으려면 어떻게 해야 돼요?

4. 매운 음식을 못 먹으면 언제 종업원에게 이야기해야 돼요?

말하기 연습

Q2. 아래 어휘를 사용하여 친구와 대화 연습을 해 보세요.
Practice having a conversation with your friend using the vocabulary below.

일주일 음식 사진을 SNS에 올리다 매운 음식을 못 먹다	친구를 만나다 일주일 전에 예약하다 포크가 필요하다	식당에 가다 3*인분을 시키다 *테이블이 더럽다

* 인분: Searvings, 테이블: Table

Q3. 손님이 식당을 예약하고 있습니다. 그림을 보고 빈칸을 채우세요.
그리고 한 명은 종업원, 다른 한 명은 손님이 되어서 친구와 대화해 보세요.
A customer is making reservations for a restaurant. Look at the pictures and fill in the blanks.
Have a conversation with your friend, one as a server and the other as a customer.

❶

❷

❸

보기

종업원: 여보세요? 그린 식당입니다.

손님: 안녕하세요. 식당을 예약하고 싶어서 전화했어요.

종업원: 네, 모두 몇 분이세요?

손님: 3명이에요. 식당까지 어떻게 가요?

종업원: ❶ ______________________ 오세요.

손님: 지금 메뉴를 말해야 해요?

종업원: ❷ 아니요, ______________________ 말씀해 주세요.

손님: 예약을 바꾸고 싶으면 어떻게 해요?

종업원: ❸ 예약일 ______________________ 전화해 주세요.

손님: 알겠습니다. 11월 14일 오후 1시에 3명 예약해 주세요.

종업원: 감사합니다. 궁금한 것이 있으면 다시 전화해 주세요.

듣기

Q. 부모님이 한국에 오시면 뭐 할 거예요? What do you plan to do when your parents come to Korea?

듣기 연습 ①

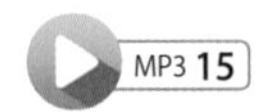

Q1. 잘 듣고 일의 순서대로 써 보세요. Listen carefully and write in the correct order

1. ______________________ → ______________________

2. ______________________ → ______________________

3. ______________________ → ______________________

듣기 연습 ❷

MP3 16

Q2. 잘 듣고 맞으면 O, 틀리면 X 표시해 보세요. Listen carefully, and mark O if correct, and X if incorrect.

1. 남자는 내일 부모님을 만날 거예요. O X

2. 남자는 부모님과 서울을 여행할 거예요. O X

3. 남자는 부모님과 *명동에서 식사를 하려고 해요. O X

4. 김치찌개 식당은 예약을 하고 찾아가야 해요. O X

* 알아보다: To find out, 항상: Always, 명동: Myeongdong

듣기 연습 ❸

Q3. 잘 듣고 빈칸을 채워 보세요. Listen carefully and fill in the blanks.

1. ______________________ 뭐 할 거예요?

2. ______________________ 구경도 하려고 해요.

3. 부모님이 ______________________ 경복궁 근처에 맛있는 김치찌개 식당이 있어요.

4. ______________________ 예약하세요.

읽기

타쿠야 씨는 내일 이리나 씨하고 저녁 약속이 있습니다. 두 사람은 그린 식당에 가서 같이 한국 음식을 먹으려고 합니다. 그곳은 유명한 곳이라서 예약하지 않으면 *자리가 없습니다. 그래서 타쿠야 씨는 식당에 전화했습니다. 식당 종업원이 타쿠야 씨에게 예약 시간과 사람 수를 *물었습니다. 타쿠야 씨는 내일 저녁 7시에 2명 자리를 예약했습니다. 타쿠야 씨는 *해산물을 못 먹습니다. 그래서 타쿠야 씨가 종업원에게 말했습니다. "저는 해산물을 못 먹어요." 그 말을 듣고 종업원이 말했습니다. "네, 알겠습니다. 그러면 내일 식당에 와서 주문하기 전에 *다시 한번 더 말씀해 주세요." 종업원의 전화 서비스가 친절해서 타쿠야 씨는 기분이 좋았습니다.

* 자리: Seat, 묻다: To ask, 해산물: Seafood, 다시: Again

내용 확인

Q1. 글을 읽고 질문에 대답해 보세요. Read the text and answer the questions.

1. 타쿠야 씨는 왜 식당에 전화를 했어요?

2. 식당에 몇 명이 갈 거예요?

3. 타쿠야 씨는 어떤 음식을 못 먹어요?

4. 타쿠야 씨는 왜 기분이 좋았어요?

Q1. 여러분의 집 근처에 좋은 식당이 있어요? 인터넷에서 그 식당에 대한 정보를 확인해 보세요.

Are there any good restaurants near your place? Find information about the restaurant online.

Q1. 식당 이름이 뭐예요?

Q2. 그 식당의 무슨 음식이 유명해요?

Q3. 못 먹는 *재료가 있으면 어떻게 해야 돼요?

Q4. 음식을 먹기 전에 먼저 계산해야 돼요?

Q5. 그 식당을 예약하려면 어떻게 해야 돼요?

* 재료: Ingredients

한국의 식생활 예절

Korean Dining Etiquette

한국 사람들이 식사할 때 지키는 예절이에요.

These are basic rules of Korean dining etiquette.

한국 사람들은 그릇을 들고 식사하지 않아요.

Koreans don't hold up their rice bowl to eat.

한국 사람들은 숟가락과 젓가락을 동시에 사용해서 식사하지 않아요.

Koreans don't use their spoon and chopsticks at the same time.

한국 사람들은 식사하는 곳에서 코를 풀지 않아요.
밖에 나가서 코를 풀어야 해요.

Koreans don't blow their nose at the table. If such action is necessary, it is recommended to leave the table.

여러분 나라의 식사 예절을 알려 주세요.

What are some dining etiquette rules in your country?

'ㅎ' 탈락

용언의 어간이 자음 'ㅎ, ㄶ, ㅀ'으로 끝나고 뒤에 '모음'이 이어질 때, 'ㅎ'을 발음하지 않아요.

When the verb stem ends with a consonant 'ㅎ, ㄶ, ㅀ' followed by a vowel, 'ㅎ' is not pronounced.

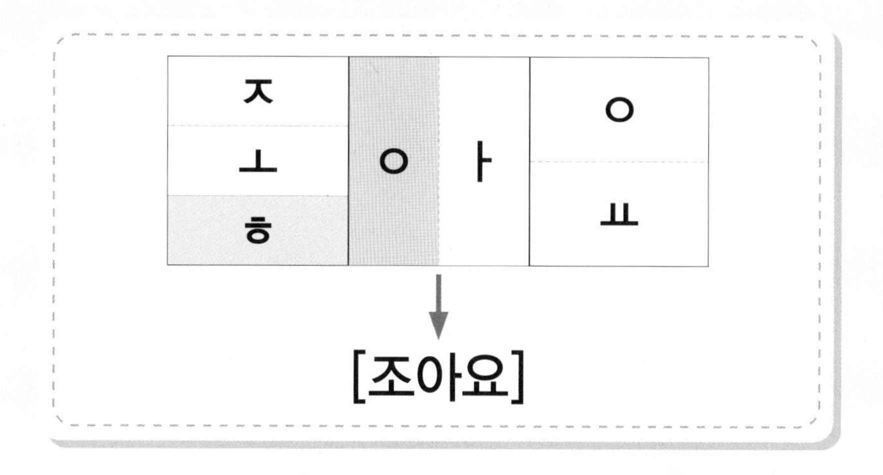

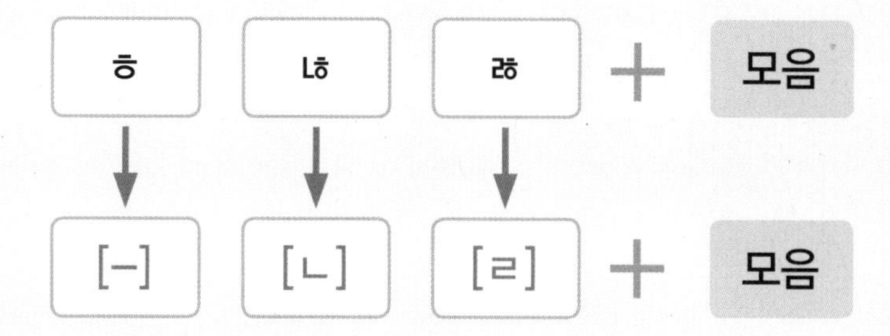

Q1. 밑줄 친 글자의 발음을 잘 들어 보세요.

Listen carefully to the pronunciation of the underlined letter.

MP3 19

손이 **닿아**요.
[다아요]

아이를 **낳았**어요.
[나아써요]

사람이 **많아**요.
[마나요]

술을 **싫어**해요.
[시러해요]

3과 휴일에 친구하고 부산에 가기로 했어요.

학습 목표

휴일 일정을 계획할 수 있다.

어휘	휴일
문법	V-기로 하다
	V-(으)려고
	V-(으)ㄴ 다음에
말하기	바다를 보려고요.
듣기	여행이 끝난 다음에는 도서관에 가서 영어 공부도 했어요.
읽기	두 사람은 내년에도 설악산에 놀러 오기로 했습니다.
쓰기	이번 휴일에 뭐 할 거예요?

어휘 학습

MP3 20

휴일 Holiday

계획을 세우다
To make a plan

1월						
S	M	T	W	T	F	S
12	13	14	15	16	17	18
19	20	★ (21)	설 연휴 22	23	24	28

시작하다
To start

1월						
S	M	T	W	T	F	S
12	13	14	15	16	17	18
19	20	21	설 연휴 22	23	★ (24)	28

끝나다
To end

즐겁다
To have fun

한가하다
To chill out

심심하다
To be bored

5월						
S	M	T	W	T	F	S
2	3	4	(5)	6	7	8
9	10	11	12	13	14	15
16	17	18	19	20	21	22

공휴일
Public holiday

낮잠
Nap

해외여행
Travel abroad

경치
Scenery

11월						
S	M	T	W	T	F	S
8	9	10	11	12	13	14
15	16	17	(18)	19	20	21
22	23	24	25	26	27	28

하루
One day

11월						
S	M	T	W	T	F	S
8	9	10	11	12	13	14
15	16	17	(18	19)	20	21
22	23	24	25	26	27	28

이틀
Two days

어휘 연습

Q1. 〈보기〉에서 알맞은 어휘를 골라 빈칸을 채워 보세요.

Choose the correct word from the box and fill in the blanks.

보기				
시작하다	끝나다	심심하다	공휴일	낮잠

1. 가: 늦어서 미안해요.

나: 빨리 가요. 곧 영화가 ______________________. [-아/어요]

2. 피곤해서 점심을 먹고 ______________________[을/를] 잤어요.

3. 10월 9일은 *한글날이에요. 한글날은 ______________________[(이)라서] 회사에 안 가요.

* 한글날: Hangeul day

4. 주말에 혼자 집에 있으면 ______________________. [-아/어요]

5. 가: 왜 아직 회사에 있어요?

나: 일이 안 ______________________. [-았/었어요]

Q2. 〈보기〉에서 알맞은 어휘를 골라 대화를 완성하세요.

Choose the correct word from the box and complete the following dialogue.

보기		
해외여행	계획을 세우다	즐겁다

가: 뭐 하고 있어요?

나: 다음 주부터 휴가라서 ① ______________________. [-고 있다]

가: 그래요? 뭐 할 거예요?

나: 여행을 가려고 해요.

가: ② ______________________[을/를] 갈 거예요?

나: 아니요, 제주도에 가려고 해요.

가: 우와! 저도 제주도에 가고 싶어요. ③ ______________________[-(으)ㄴ] 여행 다녀오세요!

문법 1

문법 학습

MP3 21

V-기로 하다

의미 Meaning

- 어떤 일을 결정, 결심하거나 약속할 때 사용해요.
  '-기로 하다' is added to a verb stem to express a decision, resolution or promise to do something.

형태 Form

받침 O	-기로 하다	먹다: 먹 + -기로 하다 → 먹기로 하다
받침 X	-기로 하다	가다: 가 + -기로 하다 → 가기로 하다

예문
1. 오후에 친구와 **만나기로 했어요**.
2. 휴일에 가족하고 산에 **가기로 했어요**.
3. 내일부터 술을 **마시지 않기로 했어요**.

Tip!

이미 결정한 것을 이야기하면서 사용될 때는 미래의 일일지라도 과거형으로 써요.
When referring to things that have already been decided, we use the past tense even if they will take place in the future.

- 가: 내일 저녁에 뭐 해요?
  나: 친구하고 영화를 **보기로 했어요**.

Q. 여러분은 어떤 약속을 했어요? 약속을 쓰고 이야기해 보세요.
What promises have you made? Write it down and talk about it.

보기
(친구) → 저는 이번 주말에 친구 집에 가기로 했어요.

1. 친구 → ____________________
2. 부모님 → ____________________
3. 선생님 → ____________________
4. (   ) → ____________________

문법 연습

Q1. 그림을 보고 질문에 대답해 보세요. Look at the picture and answer the questions.

보기

가: 주말에 약속이 있어요?

나: 네, 친구하고 영화를 보기로 했어요.

1.

가: 내일 오후에 뭐 해요?

나: ______________________________

2.

가: 왜 *소고기를 샀어요?

나: ______________________________. 그래서 소고기를 샀어요.

* 소고기: Beef

3.

가: 언제부터 운동할 거예요?

나: ______________________________

4.

가: 다음 주말에 뭐 하기로 했어요?

나: ______________________________

Q2. 다음 대화를 완성해 보세요. Complete the following dialogue.

가: 연휴 계획을 세웠어요?

나: 네, 친구와 ①______________________________. [놀다]

가: ②______________________________?

나: 서울타워에 가려고 해요.

가: 거기에서 ③______________________________?

나: 사진도 찍고 저녁도 먹을 거예요.

가: 무엇을 ④______________________________?

나: 글쎄요. 아직 잘 모르겠어요. 근처에 맛있는 식당을 알면 가르쳐 주세요.

문법 2

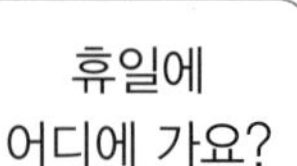

문법 학습

MP3 22

V-(으)려고

의미
Meaning

- 어떤 행동을 하려는 의도나 목적을 나타내요.
  '-(으)려고' is added to a verb stem to express the speaker's intention or purpose to do something.

형태
Form

받침 O	–으려고	찾다: 찾 + –으려고 → 찾으려고
받침 X	–려고	보다: 보 + –려고 → 보려고

예문
1. 친구하고 **먹으려고** 케이크를 만들어요.
2. 우유를 **사려고** 편의점에 가요.
3. 불고기를 **만들려고** 소고기를 샀어요.
4. 학교에 늦지 **않으려고** 택시를 탔어요.

① '–(으)려고' 뒤에는 모든 동사를 쓸 수 있어요. 하지만 '–(으)러' 뒤에는 이동 동사(가다, 오다)만 쓸 수 있어요.
Any verbs may be used after '–(으)려고', while only movement verbs (가다, 오다) may be used after '–(으)러'.

V–(으)려고	V–(으)러
커피를 사려고 카페에 갔어요.(○) 내일 먹으려고 빵을 샀어요. (○)	커피를 사러 카페에 갔어요. (○) 내일 먹으러 빵을 샀어요. (X)

② '–(으)려고' 뒤에 아래 형태는 쓸 수 없어요. 하지만 '–(으)러' 뒤에는 쓸 수 있어요.
The forms below cannot be used after '–(으)려고' but can be used after '–(으)러'.

	V–(으)려고	V–(으)러
–(으)ㄹ까요?	고기 먹으려고 갈까요? (X)	고기 먹으러 갈까요? (○)
–(으)세요	사진 찍으려고 오세요. (X)	사진 찍으러 오세요. (○)
–(으)ㄹ 거예요	영화 보려고 극장에 갈 거예요. (X)	영화 보러 극장에 갈 거예요. (○)
–고 싶어요	친구하고 놀려고 바다에 가고 싶어요. (X)	친구하고 놀러 바다에 가고 싶어요. (○)

문법 연습

Q1. 그림을 보고 질문에 대답해 보세요. Look at the picture and answer the questions.

보기

가: 왜 편의점에 가요?

나: 콜라를 사려고 편의점에 가요.

1. 가: 왜 책을 빌렸어요?

나: ____________________

2. 가: 왜 빵을 샀어요?

나: ____________________

3. 가: 왜 그 *앨범을 샀어요?

나: ____________________

* 앨범: Album

4. 가: 왜 기차표를 예매했어요?

나: ____________________

5. 가: 어디에 가고 있어요?

나: ____________________

Q2. 맞으면 O, 틀리면 X 표시해 보세요. Mark O if correct, and X if incorrect.

1. 예약하려고 식당에 전화했습니다. O X

2. 영어를 공부하러 책을 사요. O X

3. 사진을 찍으려고 경치가 좋은 곳에 가세요. O X

4. 이야기하러 같이 카페에 갈까요? O X

5. 책을 빌리려고 도서관에 갈 거예요. O X

문법 3

문법 학습

V-(으)ㄴ 다음에

의미 Meaning

• 어떤 행위를 먼저 한 후에 뒤의 행위를 함을 나타낼 때 사용해요.
'-(으)ㄴ 다음에' is added to a verb stem to indicate that after the first action is completed, the second action occurs.

형태 Form

받침 O	–은 다음에	먹다: 먹 + –은 다음에 ➜ 먹은 다음에
받침 X	–ㄴ 다음에	오다: 오 + –ㄴ 다음에 ➜ 온 다음에

예문
1. 아프면 약을 **먹은 다음에** 쉬세요.
2. **쇼핑한 다음에** 커피를 마실 거예요.
3. 창문을 **연 다음에** 청소하세요.
4. 노래를 **들은 다음에** 공부할 거예요.

'–(으)ㄴ 다음에' = '–(으)ㄴ 후에'
• 밥을 먹은 다음에 산책할 거예요.
= 밥을 먹은 후에 산책할 거예요.

Q. 친구와 이야기해 보세요. Talk with your friend.

질문	나	친구
1. 언제 고향에 갈 거예요?		
2. 보통 언제 저녁을 먹어요?		
3. 언제 여행을 하려고 해요?		
4. 언제 컴퓨터 게임을 할 거예요?		

문법 연습

Q1. 그림을 보고 질문에 대답해 보세요. Look at the picture and answer the questions.

보기

가: 언제 커피를 마셨어요?

나: 어제 점심을 먹은 다음에 커피를 마셨어요.

1.

가: 언제 쇼핑할 거예요?

나: ____________________

2.

가: 언제 숙제할 거예요?

나: ____________________

3.

가: 언제 점심을 먹어요?

나: ____________________

4.

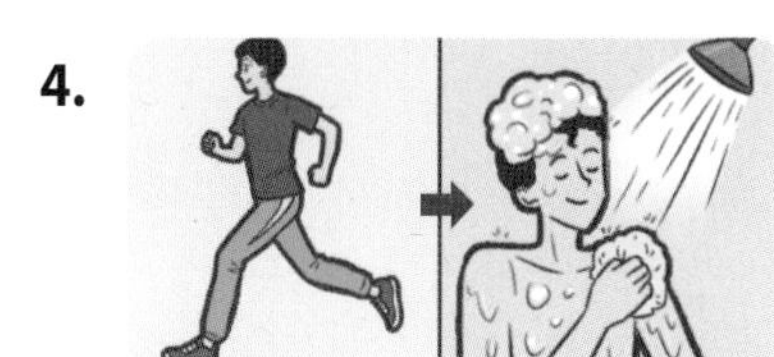

가: 언제 샤워해요?

나: ____________________

5.

가: 언제 자요?

나: ____________________

6.

가: 지금 회사에 갈 거예요?

나: 아니요, ____________________

7.

가: 오늘 집에 가서 뭐 할 거예요?

나: ____________________

말하기

조나단: 나타완 씨, 내일부터 휴일이에요.
무슨 계획이 있어요?

나타완: 휴일에 친구하고 부산에 가기로 했어요.

조나단: 왜 부산에 가요?

나타완: **바다를 보려고요.**
기차표도 벌써 예매했어요.

조나단: 부산에서 뭐 할 거예요?

나타완: **바다를 본 다음에** 맛있는 음식을
먹을 거예요.

조나단: 예쁜 사진을 찍으면 보내 주세요.

나타완: 알겠어요. 조나단 씨는 휴일에
계획이 있어요?

조나단: 저는 그냥 집에 있기로 했어요.

나타완: 집에 있으면 안 심심해요?

조나단: 그래서 집에서 읽으려고 책을 샀어요.

나타완: **책을 읽은 다음에** 저한테 빌려주세요

내용 확인

Q1. 대화를 듣고 질문에 대답해 보세요. Listen to the dialogue and answer the questions.

1. 나타완 씨는 언제 부산에 가기로 했어요?

2. 나타완 씨는 음식을 먹기 전에 무엇을 할 거예요?

3. 조나단 씨는 휴일에 어디에 갈 계획이에요?

4. 두 사람은 무엇에 대해 이야기하고 있어요?

말하기 연습

Q2. 아래 어휘를 사용하여 친구와 대화 연습을 해 보세요.
Practice having a conversation with your friend using the vocabulary below.

부산 – 가다 바다 – 보다 책 – 읽다 책 – 사다	경주 – 여행가다 박물관 – 구경하다 게임 – 하다 *게임기 – 사다	제주도 – 가다 사진 – 찍다 요리 – 하다 요리 *도구 – 사다

* 게임기: Game console, 도구: Tool, Kit

Q3. 친구와 주말 계획을 세우세요. 그리고 발표해 보세요.
Make plans for the weekend with your friend and present it.

Q1. 언제, 어디에서 만날 거예요?

Q2. 만나서 무엇을 할 거예요? (3가지)

듣기

Q. 여러분은 지난 휴가에 무엇을 했어요?

What did you do on your last vacation?

듣기 연습 ❶

Q1. 잘 듣고 일이 일어난 순서대로 써 보세요. Listen carefully and write in the correct order.

1. ______________ → ______________

2. ______________ → ______________

3. ______________ → ______________

* 돈을 찾다: To withdraw

듣기 연습 ❷

MP3 26

Q2. 잘 듣고 맞으면 O, 틀리면 X 표시해 보세요. Listen carefully, and mark O if correct, and X if incorrect.

1. 여자는 이번 부산 여행이 좋았어요. O X

2. 여자는 휴가 동안 영어 시험을 봤어요. O X

3. 남자는 휴가 동안 여행을 하지 않았어요. O X

4. 두 사람은 다음에 같이 해외여행을 갈 거예요. O X

듣기 연습 ❸

Q3. 잘 듣고 빈칸을 채워 보세요. Listen carefully and fill in the blanks.

1. 저는 이틀 동안 부산에서 여행했어요. 정말 ______________________.

2. ______________________ 도서관에 가서 영어 공부도 했어요.

3. 다음 달에 ______________________ 영어를 공부하고 있어요.

4. 다음 휴가에는 ______________________ 해외여행을 가기로 했어요.

읽기

한국 사람들은 가을이 되면 *단풍 구경을 하려고 산에 많이 갑니다. 조나단 씨와 제임스 씨도 지난 주말에 같이 단풍 구경을 하러 설악산에 갔습니다. 두 사람은 설악산에 가기 전에 빈슨 씨에게 전화해서 *여러 가지를 물어봤습니다. 빈슨 씨는 작년에 설악산에 다녀와서 그곳을 잘 알고 있습니다. 빈슨 씨가 케이블카를 *추천해 줘서 케이블카를 타고 단풍을 구경했습니다. 단풍이 정말 아름다웠습니다. 보통 한국 사람들은 등산을 한 다음에 막걸리와 파전을 먹습니다. 그래서 두 사람도 산에서 내려와서 *막걸리와 *파전을 먹었습니다. 두 사람은 내년에도 *설악산에 놀러 오기로 했습니다.

* 단풍: Autumn leaves, 여러 가지: Various things, 추천하다: To recommend, 막걸리: Makgeolli, 파전: Pajeon, 설악산: Seorak Mountain

내용 확인

Q1. 글을 읽고 질문에 대답해 보세요. Read the text and answer the questions.

1. 한국 사람들은 가을에 왜 산에 갑니까?

2. 두 사람은 왜 빈슨 씨에게 *연락했습니까?

3. 두 사람은 왜 케이블카를 타기로 했습니까?

4. 한국 사람들은 등산을 하고 무엇을 먹습니까?

* 연락하다: To contact

Q1. 이번 휴일에 뭐 할 거예요? 휴일 계획을 써 보세요.
What are your plans for this holiday? Write down your holiday plans.

Q1. 휴일이 언제예요?

Q2. 휴일에 어디에 가기로 했어요?

Q3. 거기에서 뭐 할 거예요?

Q4. 그 다음에 뭐 할 거예요?

4과 미술관에서 그림을 만지면 안 돼요.

학습 목표

미술관 이용 규칙을 지킬 수 있다.

어휘	미술관
문법	V/A-아/어도 되다
	V/A-(으)면 안 되다
	V-(으)ㄹ게요
말하기	그림을 만지면 안 돼요.
듣기	미술관에서 빵을 먹어도 돼요?
읽기	제가 미술관을 안내해 드릴게요.
쓰기	미술관 이용 규칙을 만들어 보세요.
문화 & 발음	한국의 미술관, 격음화③

 어휘 학습

미술관 Art gallery

화가
Painter

매표소
Ticket office

입장권
Admission ticket

TICKETS

성인 - 10,000원
어린이 - 5,000원

입장료
Admission fee

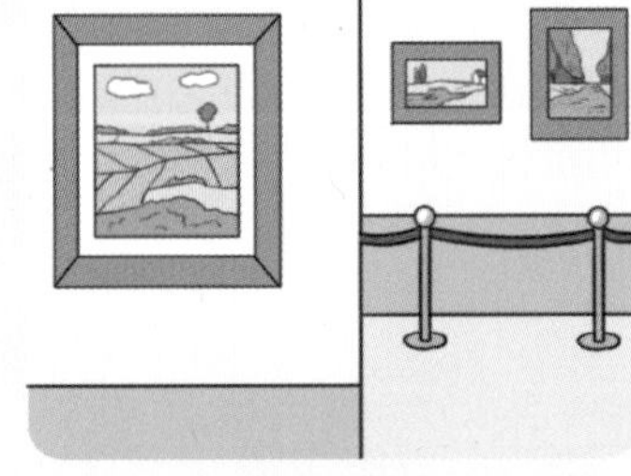

전시하다
To exhibit

안내하다
To guide

관람하다
To see

관람객
Visitors

자세히 보다
To look into

어휘 연습

Q1. 다음을 보고 알맞은 단어를 쓰세요. Complete the crossword puzzle below.

	2)		3)	4)			12)	
1)				5)	6)			
		11)			7)			
10)								
					8)	9)		

가로 ➡

1) 미술관에서 그림을 보고 싶으면 이 돈이 필요해요.

3) 이 직업의 사람은 그림을 그려요.

5) 

7) 영화, 그림, 운동을 구경해요.

8)

10) 여기에서 표를 살 수 있어요.

12)

세로 ⬇

2) 미술관에서 그림을 보기 전에 이것을 사야 해요.

4) 이 직업의 사람은 노래를 아주 잘해요.

6) 여기에서 *옛날 *물건을 구경할 수 있어요.

9) 미술관에서 많은 그림을 ( )해요.

11) 집이 더러워요. 그래서 ( )해야 해요.

12) 제 고향에 오시면 제가 ( )할 수 있어요.

* 옛날: The old days, 물건: Object

문법 학습

V/A-아/어도 되다

의미 Meaning

- 어떤 행동이나 상태에 대한 허락이나 허용을 나타내요.
  '-아/어도 되다' indicates there is no problem with the action being done.

형태 Form

ㅏ, ㅗ	–아도 되다	가다: 가 + –아도 되다 ➞ 가도 되다
ㅏ, ㅗ X	–어도 되다	읽다: 읽 + –어도 되다 ➞ 읽어도 되다
–하다	–해도 되다	요리하다: 요리 + –해도 되다 ➞ 요리해도 되다

예문
1. 수업이 끝나면 집에 **가도 돼요**.
2. 이 책을 **읽어도 돼요**.
3. 도서관에서 컴퓨터를 **사용해도 돼요**?
4. 여기에서 노래를 **불러도 돼요**?

'V/A–아/어도 되다' = 'V/A–아/어도 괜찮다'
- 가: 여기에서 책을 읽어도 돼요?
  나: 네, 책을 읽어도 괜찮아요.

Q. 〈보기〉와 같이 친구와 이야기해 보세요. Talk with your partner as shown in the example.

보기

❶

❷

문법 연습

Q1. 그림을 보고 대화를 완성해 보세요. Look at the pictures and complete the dialogue.

보기

가: 텔레비전 봐도 돼요?

나: 네, 보세요.

1\.

가: ______________________________?

나: 아니요, 술은 드시지 마세요.

2\.

가: ______________________________?

나: 네, 운동하세요.

3\.

가: ______________________________?

나: 이 빵은 지난주에 만들어서 못 먹어요.

4\.

가: ______________________________?

나: 네, 저도 이제 자려고 해요.

5\.

가: 현금이 없어서 카드로 계산하고 싶어요.

나: 네, ______________________________.

6\.

가: 이 음식을 다 먹어야 해요?

나: 아니요, ______________________________.

7\.

가: 교실에서 커피를 마실 수 있어요?

나: ______________________________.

문법 학습

V/A-(으)면 안 되다

의미 Meaning

- 특정 행동을 금지하거나 제한할 때 사용해요.
  '-(으)면 안 되다' is used to express the prohibition or limitation of a certain action.

형태 Form

받침 O	-으면 안 되다	앉다: 앉 + -으면 안 되다 → 앉으면 안 되다
받침 X	-면 안 되다	마시다: 마시 + -면 안 되다 → 마시면 안 되다

예문
1. 여기에 **앉으면 안 돼요.**
2. 공원에서 술을 **마시면 안 돼요.**
3. 미술관에서 **떠들면 안 돼요.**
4. 아직 고기를 **구우면 안 돼요.**

Q. 〈보기〉와 같이 친구와 이야기해 보세요. Talk with your partner as shown in the example.

❶

❷

문법 연습

Q1. 그림을 보고 대화를 완성해 보세요. Look at the pictures and complete the dialogue.

보기

가: 미술관 안에서 커피를 마셔도 돼요?

나: 아니요, 커피를 마시면 안 돼요.

1.

가: 수업 시간에 사진을 ______________________.

나: 네, 선생님. 죄송합니다.

2.

가: *운전해서 집에 가려고요.

나: 술 마시고 ______________________.

* 운전하다: To drive

3.

가: 피곤해서 좀 *눕고 싶어요.

나: 지하철에서 ______________________.

* 눕다: To lay down

4.

가: 친구하고 놀기로 했어요.

나: 오늘은 ______________________. 집에서 시험 공부를 하세요.

5.

가: 이번 주까지 ______________________.

나: 알겠습니다, 의사 선생님.

6.

가: 오늘은 ______________________?

나: 일이 끝났으면 일찍 가도 돼요.

7.

가: 여러분의 집에서는 무엇을 하면 안 돼요?

나: ______________________.

문법 학습

MP3 32

V-(으)ㄹ게요

의미 Meaning

• 말하는 사람이 자신이 어떤 일을 할 것이라고 상대에게 약속할 때 사용해요.
'-(으)ㄹ게요' is used when the speaker promises or notifies the listener that he/she will do something.

형태 Form

받침 O	-을게요	읽다: 읽 + -을게요 → 읽을게요
받침 X	-ㄹ게요	가다: 가 + -ㄹ게요 → 갈게요

예문 1. 내일 일찍 와야 돼요. - 네, 일찍 **올게요.**
2. 누가 케이크를 만들 거예요? - 제가 **만들게요.**
3. 저 좀 도와줄 수 있어요? - 네, 제가 **도와줄게요.**

V-(으)ㄹ게요	V-(으)ㄹ 거예요
듣는 사람과 관계가 있어서 상대방을 고려한 주어의 의지와 생각을 말해요. There is a relationship between the speaker and listener, so the speaker's intention or thought is expressed with the listener in mind. • 가: 몸에 안 좋아요. 담배를 피우지 마세요. 나: 네, 안 **피울게요.** 나만 주어로 사용해요. It can be used only myself as the subject. - 저는 집에 갈게요. (O) - 민수 씨는 집에 갈게요. (X)	듣는 사람과 상관없는 일방적인 주어의 생각이나 의지, 계획을 말해요. It expresses the speaker's intention, thought, or plan that have nothing to do with the listener. • 가: 오늘부터 담배를 **안 피울 거예요.** 나: 좋아요. 나와 다른 사람 모두 주어로 사용해요. It can be used both myself and others as a subject. - 저는 집에 갈 거예요. (O) - 민수 씨는 집에 갈 거예요. (O)

문법 연습

Q1. 그림을 보고 대화를 완성해 보세요. Look at the pictures and complete the dialogue.

보기

가: 내일 일찍 오세요.

나: 네, 내일 일찍 올게요.

1. 가: 음식이 너무 많아요.

나: 걱정하지 마세요. ______________________

2. 가: 수업 시간에 떠들면 안 돼요.

나: 네, ______________________

3. 가: 민수 씨 전화번호를 알아요?

나: 아니요, 민수 씨를 만나면 ______________________

4. 가: 더워요. 창문을 좀 열어 줄 수 있어요?

나: 네, ______________________

5. 가: 지금은 너무 바빠서 전화 못 해요.

나: 그럼 제가 ______________________

Q2. 정답에 동그라미 표시해 보세요. Circle the correct answer.

1. 가: 방학 계획을 세웠어요?
나: 네, 친구하고 놀이공원에 갈게요/갈 거예요.

2. 가: 내일까지 숙제를 하세요.
나: 네, 내일까지 숙제할게요/숙제할 거예요.

3. 가: 물을 많이 드세요.
나: 알겠어요. 물을 많이 마실게요/마실 거예요.

말하기

빈슨: 이 그림이 정말 멋있어요.

이리나: 빈슨 씨, 그림을 만지면 안 돼요!

빈슨: 정말요? 그러면 사진은 찍어도 돼요?

이리나: 아니요, 그림은 사진을 찍으면 안 돼요. 하지만 *다른 것은 사진을 찍어도 돼요.

빈슨: 저는 매표소 옆에서 사진을 찍고 싶어요. 잠깐만 기다리세요.

이리나: 네, 제가 여기에서 기다릴게요.

[잠시 후]

빈슨: 이리나 씨! 이쪽으로 오세요.

이리나: 빈슨 씨, 미술관에서 *소리를 지르면 안 돼요.

빈슨: 미안해요. 조용히 말할게요.

이리나: 그런데 저를 왜 불렀어요 ?

빈슨: 제 사진 좀 찍어 주세요.

이리나: 네, 제가 사진을 찍어 줄게요.

* 다른: Other, 소리를 지르다: To shout

내용 확인

Q1. 대화를 듣고 질문에 대답해 보세요. Listen to the dialogue and answer the questions.

1. 두 사람은 지금 어디에 있어요?

2. 미술관에서는 무엇을 할 수 없어요? (2개)

3. 빈슨 씨는 어디에서 사진을 찍으려고 해요?

4. 이리나 씨는 이제 무엇을 할 거예요?

말하기 연습

Q2. 아래 어휘를 사용하여 친구와 대화 연습을 해 보세요.
Practice having a conversation with your friend using the vocabulary below.

그림을 만지다 소리를 지르다 조용히 말하다	그림 근처에서 커피를 마시다 큰 소리로 말하다 소리를 지르지 않다	그림에 *가까이 가다 큰 소리로 사람을 부르다 이제부터 *조심하다

＊ 가까이: To be close, 조심하다: To be careful

Q3. 해도 돼요? 하면 안 돼요? 그림을 보고 〈보기〉와 같이 친구와 이야기해 보세요.
Can I or can't I? Look at the pictures and discuss them with your friend as shown in the example.

듣기

Q. 미술관에서는 어떻게 해야 해요? How should you behave in an art gallery?

듣기 연습 ❶

Q1. 잘 듣고 맞는 것을 고르세요. Listen carefully and choose the correct one.

1. ① 남자가 미술관 입장료를 낼 거예요.

② 두 사람은 매표소에서 만나기로 했어요.

③ 두 사람은 이번 토요일에 그림을 보려고 해요.

2. ① 남자는 이 화가의 그림이 좋아요.

② 여자는 남자에게 미술관을 안내하려고 해요.

③ 여자는 이 화가의 그림을 잘 알고 있어요.

듣기 연습 ❷

MP3 35

Q2. 잘 듣고 맞으면 O, 틀리면 X 표시해 보세요. Listen carefully, and mark O if correct, and X if incorrect.

1. 남자는 미술관에서 사진을 찍을 수 없었어요. O X

2. 여자는 미술관에서 음식을 먹었어요. O X

3. 미술관에서 물을 마시면 안 돼요. O X

4. 남자는 여자와 또 미술관에 가고 싶어요. O X

듣기 연습 ❸

Q3. 잘 듣고 빈칸을 채워 보세요. Listen carefully and fill in the blanks.

1. 미술관에서 빵을 ________________________?

2. 물은 ________________________.

3. 여기에서 ________________________.

4. 다음에는 제가 ________________________.

읽기

그린 미술관 관람 안내

관람 안내

관람 시간: 화요일~일요일, 10:00 A.M. – 6:00 P.M.

매표 시간: 10:00 A.M. – 5:00 P.M.

※ 오후 5시 이후에는 입장할 수 없습니다.

관람 예매: 관람일 14일 전에 *홈페이지에서 예약할 수 있습니다.

***휴일:** 매주 월요일, 설날, 추석 연휴

***요금 안내**

***성인:** 10,000원

학생: 5,000원

어린이 *및 *노인: *무료

주의

※ 뛰면 안 됩니다.

※ 큰 소리로 떠들면 안 됩니다.

※ 음료수를 마시면 안 됩니다.

조나단 씨는 미술을 좋아해서 *가끔 집 근처 그린 미술관에 그림 전시회를 보러 갑니다. 그 미술관을 *방문하기 전에 관람 안내를 보고 가면 좋습니다.

그린 미술관은 화요일부터 일요일까지, 오전 10시부터 오후 6시까지 문을 엽니다. 이 미술관은 월요일에 문을 닫아서 월요일에는 관람할 수 없습니다. 미술관을 구경하려면 오후 5시까지 매표소에서 표를 사야 합니다. 인터넷으로 미리 표를 예매할 수도 있습니다. 어른은 입장료가 만 원이지만 학생은 *할인을 해서 오천 원입니다. 아이와 나이가 많은 사람은 돈을 내지 않아도 됩니다.

미술관에서는 다음을 조심해야 합니다. 먼저, 미술관에서 뛰면 안 됩니다. 또 옆 사람과 큰 소리로 말하면 안 됩니다. 마지막으로 미술관 안에서는 음료수를 마시면 안 됩니다. 음료수를 마시려면 2층 *휴게실에 가야 합니다.

* 홈페이지: Homepage, 휴일: Holiday, 요금: Fee, charge, 성인: Adult, 및: And, 노인: Old man[woman], 무료: Free, 가끔: Sometimes, 방문하다: To visit, 할인하다: To give a discount, 휴게실: Lounge

내용 확인

Q1. 글을 읽고 질문에 대답해 보세요. Read the text and answer the questions.

1. 미술관에 몇 시까지 가야 돼요?

2. *미리 표를 사고 싶으면 어떻게 해요?

3. 아이는 입장료가 얼마예요?

4. 미술관 안에서 음료수를 마셔도 돼요?

* 미리: In advance

Q1. **미술관 이용 규칙을 만들어 보세요.** Create art museum rules.

보기

그림을 만지다	그림을 자세히 보다	휴대폰으로 그림을 검색하다
그림 사진을 찍다	뛰다	음료수를 마시다

해도 돼요	하면 안 돼요

한국의 미술관

Art Museums in Korea

서울에는 다양한 미술관이 있어요.

There are various art museums in Seoul.

국립현대미술관 서울

| 주소 | 서울특별시 종로구 삼청로 30

한국을 대표하는 근현대미술관이에요.

This is Korea's largest public art museum for modern and contemporary art.

예술의전당 한가람미술관

| 주소 | 서울 서초구 남부순환로 2406

고대 미술부터 현대 미술까지 다양한 주제로 매년 50개가 넘는 전시 행사가 열려요.

Over 50 exhibitions are annually held covering a wide range of topics, from ancient to contemporary art.

출처: 블로그 〈서울다누림관광센터〉

서울시립미술관

| 주소 | 서울 중구 덕수궁길 61

덕수궁 돌담길을 따라 나 있는 정동길에 위치한 미술관이에요. 다양한 기획전과 특별전을 하고 있어요.

The museum is situated along the stone wall road of Deoksugung Palace on Jeongdong-gil. It hosts a variety of exhibitions and special exhibitions.

여러분 나라에는 어떤 미술관이 있어요?

What kind of art museums are there in your country?

격음화③

'ㄱ'의 앞뒤에 오는 글자가 'ㅎ'이면,
[ㄱ]과 [ㅎ] 소리가 합쳐져 [ㅋ]으로 발음해요.

If the letters before and after 'ㄱ' are 'ㅎ', the sounds [ㄱ] and [ㅎ] are combined and pronounced as [ㅋ].

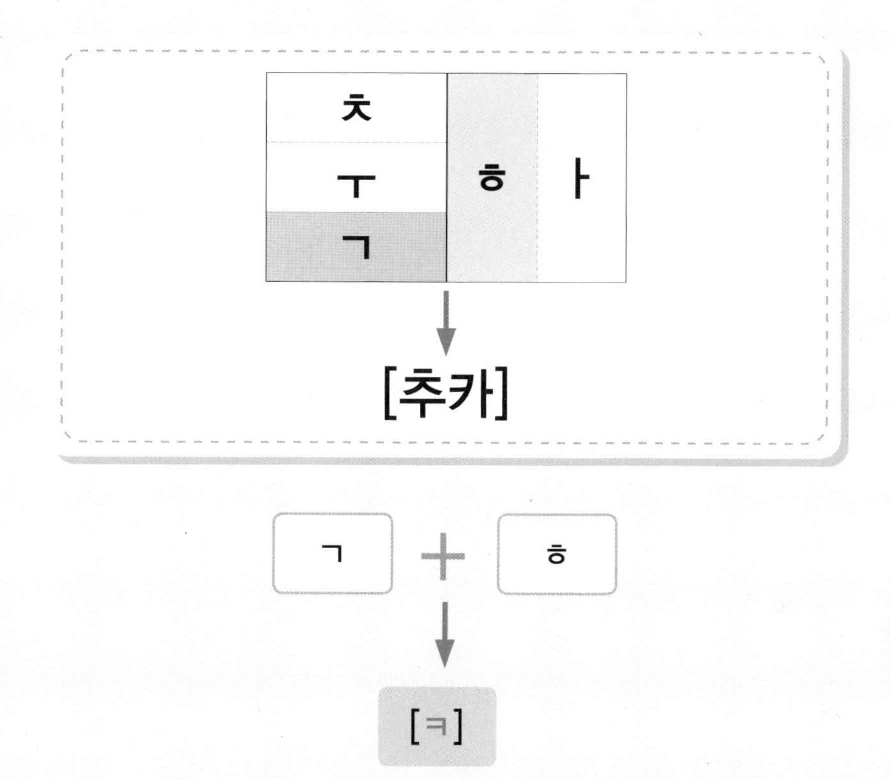

Q1. 밑줄 친 글자의 발음을 잘 들어 보세요.
Listen carefully to the pronunciation of the underlined letter.

똑**똑하**다
[똑또카다]

역할
[여칼]

생**각하**다
[생가카다]

축하해요
[추카해요]

5과 이 운동복을 한번 입어 보세요.

학습 목표

옷의 종류, 색깔, 크기를 설명할 수 있다.

어휘	옷
	색깔
문법	V–고 있다 [②상태]
	V/A–(으)ㄹ 때
	V–아/어 보다
	ㅎ 불규칙
말하기	저는 빨간색 치마를 입고 있어요.
듣기	언니는 옆에 파란 원피스를 입고 있는 사람이에요.
읽기	저는 하얀 후드 티를 입고 가방을 들고 있습니다.
쓰기	지금 어떤 옷을 입고 있어요?

어휘 학습

착용 동사 Wearing verbs

입다

티셔츠 T-shirt	원피스 Dress	정장 Suit	와이셔츠 Dress shirt	스웨터 Sweater	속옷 Underwear

신다

운동화 Running shoes	구두 Shoes	슬리퍼 Slipper	부츠 Boots	양말 Socks	스타킹 Stockings

하다

목걸이 Necklace	귀걸이 Earring	팔찌 Bracelet	목도리 Muffler	스카프 Scarf	벨트 Belt

끼다

안경 Glasses	장갑 Gloves	반지 Ring

쓰다

모자 Hat	안경 Glasses

차다

시계
Clock

매다

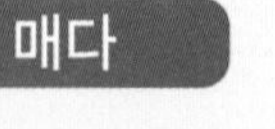

넥타이
Necktie

메다

가방
Bag

어휘 연습

Q1. 그림에 알맞은 어휘를 쓰고 어울리는 동사와 연결해 보세요.
Write the correct vocabulary for each picture and connect it with the matching verb.

1.  티셔츠 ……………… a. 입다
2. ________ b. 신다
3. ________ c. 하다
4. ________ d. 매다
5. ________ e. 차다
6. ________ f. 쓰다
7. ________ g. 끼다
8. ________ h. 메다
9. ________
10. ________

어휘 2

어휘 학습

MP3 40

색깔 Color

어휘 연습

Q1. 다음 그림을 보고 <보기>에서 맞는 색깔을 골라서 쓰세요.
Look at the pictures and choose the correct color from the box to fill in the blanks.

보기			
흰색	검은색	초록색	빨간색
파란색	노란색	주황색	보라색
분홍색	하늘색	회색	갈색

1.

(   ) 바나나

2.

(   ) 티셔츠

3.

(   ) 모자

4.

(   ) 구두

5.

(   ) 의자

6.

(   ) 가방

7.

(   ) 사과

8.

(   ) 볼펜

9.

(   ) 눈사람

10.

(   ) 넥타이

11.

(   ) 오렌지

12.

(   ) 포도

문법 학습

MP3 41

V-고 있다 [②상태]

의미 Meaning

• '입다, 벗다, 신다' 등의 착용 동사에 붙어 그러한 행동이 끝난 결과가 현재 계속되고 있는 상태임을 나타내요.
'-고 있다' is used with wearing verbs such as '입다, 벗다, 신다' to express an ongoing action or a continuous state.

형태 Form

받침 O	-고 있다	신다: 신 + -고 있다 ➡ 신고 있다
받침 X	-고 있다	차다: 차 + -고 있다 ➡ 차고 있다

예문
1. 저는 하얀색 운동화를 **신고 있어요.**
2. 회색 시계를 **차고 있는** 사람은 누구예요?

1. '(버스, 지하철, 택시 등을) 타다'에도 사용할 수 있어요.
It can also be used with the verb '타다 (bus, subway, taxi, etc.)'.
• 지금 버스를 타고 있어요.
2. 높임말은 '-고 계세요'로 써요.
'-고 계세요' is the honorific form of the verb.
• 선생님께서 흰색 시계를 차고 계세요.

Q. 친구 한 명의 옷, 액세서리를 말해 보세요. 다른 친구들은 듣고 누구인지 말해 보세요.
Describe the clothes and accessories of one of your classmates. Others in the class listen and guess who it is.

보기
가: 이 사람은 안경을 쓰고 있어요. 그리고…
나: 선생님이에요!

문법 연습

Q1. 아래 사람이 무엇을 입고 있어요? 그림을 보고 설명해 보세요.

What are the people below wearing? Look at the pictures and describe what they're wearing.

보기

➡ 파란색 모자를 쓰고 있는 사람이 미나예요.

1. ______________________ 사람이 응우엔이에요.

2. ______________________ 사람이 민철이에요.

3. ______________________ 사람이 마이클이에요.

4. ______________________ 사람이 안나예요.

5. ______________________ 사람이 경수예요.

6. ______________________ 사람이 수진이에요.

7. ______________________ 사람이 민정이에요.

문법 2

문법 학습

V/A-(으)ㄹ 때

의미 Meaning

• 동작이나 상태가 진행되는 때나 진행되는 동안을 나타내요.
'-(으)ㄹ 때' indicates when an action or state occurs or is in progress.

형태 Form

받침 O	-을 때	먹다: 먹 + -을 때 ➡ 먹을 때
받침 X	-ㄹ 때	싸다: 싸 + -ㄹ 때 ➡ 쌀 때

예문
1. 저는 밥을 **먹을 때** 텔레비전을 봐요.
2. 과일이 **쌀 때** 많이 사세요.
3. 한국에 **살 때** 김치를 많이 먹었어요.
4. 한국어가 **어려울 때** 선생님께 *질문하세요.

Tip!
명사는 'N+때'로 써요.
As for nouns, it is used in the form of 'N+때'.
• 시험 때 도서관에 사람이 많아요.
• 방학 때 아르바이트를 했어요.

'요일, 시간, 오전, 오후, 아침' 뒤에는 '때'를 안 써요.
'때' is not used after '요일, 시간, 오전, 오후, 아침'.
• 월요일 때 운동해요. (X) → 월요일에 운동해요. (O)
• 2시 때 만나요. (X) → 2시에 만나요. (O)
• 오전 때 일해요. (X) → 오전에 일해요.
• 아침 때 신문을 읽어요. (X) → 아침에 *신문을 읽어요. (O)

* 질문하다: To ask a question, 신문: Newspaper

Q. 친구와 이야기해 보세요. Talk with your friend.

질문	나	친구
1. 언제 *기분이 좋아요?		
2. 언제 부모님이 *보고 싶어요?		
3. 언제 집에 가고 싶어요?		
4. 언제 돈이 필요해요?		

* 기분이 좋다: To feel good, 보고 싶다: To miss

문법 연습

Q1. 그림을 보고 대화를 완성해 보세요. Look at the pictures and complete the dialogue.

보기

가: 언제 커피를 마셔요?

나: 책을 읽을 때 커피를 마셔요.

1. 가: 언제 *양복을 입어요?

   나: ______________________

   * 양복: Suit

2. 가: 밀가루는 언제 사용해요?

   나: ______________________

3. 가: 뭐 할 때 기분이 좋아요?

   나: ______________________

4. 가: 언제 바다에 가려고 해요?

   나: ______________________

5. 가: ______________________ 뭐 할 거예요?

   나: 남자친구와 데이트 할 거예요.

Q2. 이것은 언제 사용해요? 〈보기〉와 같이 말해 보세요.
When do you use this? Answer it as shown in the example.

보기

이것은 시계예요. 시간을 모를 때 봐요.

보기

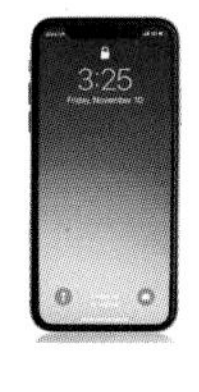

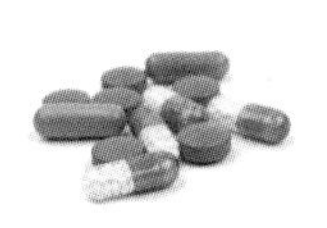

문법 학습

V-아/어 보다

* 벌: Counting units (for clothes)

의미 Meaning

- 어떤 행동을 시도하거나 경험함을 나타내는 표현이에요.
  '-(으)ㄹ 때' expresses the time when an action or state occurs or its duration.

형태 Form

ㅏ, ㅗ	–아 보다	가다: 가 + –아 보다 ➔ 가 보다
ㅏ, ㅗ X	–어 보다	먹다: 먹 + –어 보다 ➔ 먹어 보다
–하다	–해 보다	요리하다: 요리 + –해 보다 ➔ 요리해 보다

예문
1. 근처에 있는 공원에 **가 보세요.**
2. 저는 불고기를 **먹어 봤어요.**
3. 한국 음식을 **요리해 보지** 않았어요.
4. 이 침대에 한번 **누워 보세요.**

'보다' 동사는 '봐 보다'를 사용하지 않고 '보다'만 사용해요.
For the verb '보다', it is used as only '보다' and not '봐 보다'.
- 이 영화가 재미있어요. 봐 보세요. (X)
  이 영화가 재미있어요. 보세요. (O)

Q. 〈보기〉와 같이 친구와 이야기해 보세요. Talk with your partner as shown in the example.

보기
Q. 어디의 경치가 예뻐요? → A. 한강 공원에 가 보세요.

질문	나	친구
1. 무슨 한국 음식이 맛있어요?		
2. 요즘 무슨 드라마/영화가 재미있어요?		
3. 요즘 무슨 음악이 좋아요?		
4. 한국어 공부를 잘하고 싶어요. 어떻게 해요?		

문법 연습

Q1. 그림을 보고 대화를 완성해 보세요. Look at the pictures and complete the dialogue.

보기

가: 이 신발을 신어 봐도 돼요?

나: 네, 신어 보세요.

1\.

가: 옷이 정말 예뻐요.

나: ______________________

2\.

가: 그 빵 맛있어요?

나: ______________________

3\.

가: 이 노래 들어 봤어요?

나: 아니요, 아직 ______________________

4\.

가: 한국에서 살 때 뭐 해 봤어요?

나: ______________________

5\.

가: 어느 나라를 여행하고 싶어요?

나: ______________________

6\. ?

가: 심심해요.

나: 그럼 ______________________

7\. ?

가: 내년에 무엇을 해 보고 싶어요?

나: ______________________

문법 학습

ㅎ 불규칙

의미 Meaning

① 'ㅎ' 형용사 뒤에 '–으'로 시작하는 어미가 오면 'ㅎ'과 '으'가 탈락해요.
When endings beginning with '-으' are added to adjective stems ending in 'ㅎ', 'ㅎ' and '으' are omitted.

② 'ㅎ' 형용사 뒤에 '–아/어'로 시작하는 어미가 오면 'ㅎ'은 없어지고 어간에 'ㅣ'가 붙어요.
When endings beginning with '-아/어' are added to adjective stems ending in 'ㅎ', 'ㅎ' is omitted and 'ㅣ' is added.

형태 Form

①

–(으)ㄴ	하얗다: 하야 + –ㄴ ➔ 하얀
–(으)면	빨갛다: 빨가 + –면 ➔ 빨가면

예문 1. **하얀** 바지를 샀어요.
2. 얼굴이 **빨가면** 병원에 가 보세요.

②

–아/어요	하얗다: 하야 + ㅣ + –아요 ➔ 하얘요
–았/었어요	빨갛다: 빨가 + ㅣ + –았어요 ➔ 빨갰어요
–아/어서	까맣다: 까마 + ㅣ + –아서 ➔ 까매서

예문 1. 눈이 와서 *나무가 **하얘요**.
2. 하늘 *색깔이 **파랬어요**.
3. 머리가 **까매서** 예뻤어요.

* 나무: Tree, 색깔: Color

형용사 '좋다'는 규칙이에요. 그래서 바뀌지 않아요.
'좋다' is a regular adjective, so the adjective stem does not change.
• 기분이 좋아요.
좋은 음악을 들어요.

문법 연습

Q1. 다음 표를 완성하세요. Complete the following chart.

	-아/어요	-(스)ㅂ니다	-(으)ㄴ	-아/어서	-고
빨갛다	빨개요				빨갛고
노랗다		노랗습니다			
어떻다			어떤		
그렇다				그래서	

Q2. 다음 단어를 사용해서 보기와 같이 문장을 만들어 보세요.
Use the following words to make sentences as shown in the example.

말하기

[제임스와 유코가 통화한다.]

제임스: 유코 씨, 어디에 있어요?

유코: 저는 문 앞에 있어요.

제임스: 어디요? 무슨 옷을 입고 있어요?

유코: 저는 빨간색 치마를 입고 있어요. 제임스 씨는요?

제임스: 저는 파란색 넥타이를 매고 있어요.

유코: 아, 찾았어요. 제가 그쪽으로 갈게요.

[제임스와 유코가 쇼핑한다.]

제임스: 가볍고 편한 옷을 한 벌 사고 싶어요.

유코: 언제 입을 거예요?

제임스: 운동할 때 입을 거예요. 집에 있을 때도 입고요.

유코: 그럼 이거 어때요? 이 *운동복을 한번 입어 보세요.

제임스: 어때요? 괜찮아요?

유코: 네, 멋있어요. 이 ______ 모자도 같이 한번 써 보세요.

제임스: 네, 알겠어요.

* 운동복: Sportswear

내용 확인

Q1. 대화를 듣고 질문에 대답해 보세요. Listen to the dialogue and answer the questions.

1. 두 사람은 어디에서 만났어요?

2. 유코 씨는 무슨 옷을 입고 있어요?

3. 제임스 씨는 어떤 옷을 사려고 해요?

말하기 연습

Q2. 아래 어휘를 사용하여 친구와 대화 연습을 해 보세요.

Practice having a conversation with your friend using the vocabulary below.

치마를 입다 운동하다 ______ 모자 – 쓰다	목도리를 하다 친구를 만나다 ______ 안경 – 쓰다	구두를 신다 학교에 가다 ______ 가방 – 메다	모자를 쓰다 공원에서 걷다 ______ 티셔츠 – 입다

Q3. 친구와 쇼핑을 합니다. 사고 싶은 옷을 말하세요. 그리고 예쁜 옷을 하나 추천해 주세요.

You are shopping with your partner. Tell your friend what you want to buy and recommend an outfit for him or her.

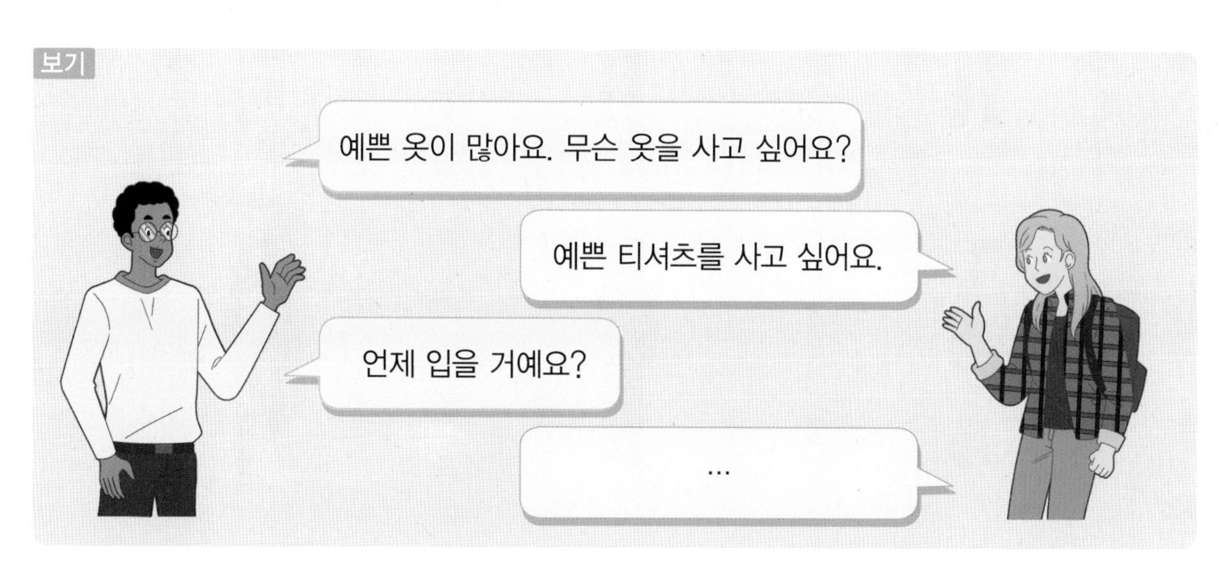

듣기

Q. 친구를 만날 때 무슨 옷을 입어요? What do you wear when you meet your friends?

듣기 연습 ❶

Q1. 질문을 듣고 맞는 사람을 고르세요.
Listen to the questions and choose the correct person.

1.

2.

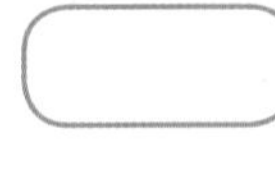

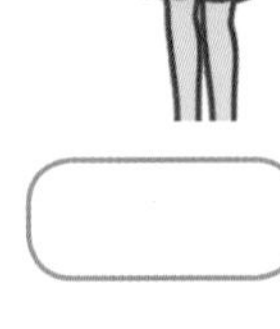

3.

듣기 연습 ❷

MP3 47

Q2. 잘 듣고 맞으면 O, 틀리면 X 표시해 보세요. Listen carefully, and mark O if correct, and X if incorrect.

1. 여자는 가족과 제주도에서 살아요. O X

2. 제주도에서 여자의 어머니는 원피스를 입으셨어요. O X

3. 제주도에서 여자의 부모님과 언니가 같이 사진을 찍었어요. O X

4. 여자의 아버지는 모자를 쓰고 제주도에 가셨어요. O X

* 닮다: To be look alike

듣기 연습 ❸

Q3. 잘 듣고 빈칸을 채워 보세요. Listen carefully and fill in the blanks.

1. 제주도를 ______________________ 찍었어요.

2. ______________________ 입고 있는 여자분은 누구세요?

3. 언니는 옆에 ______________________ 입고 있는 사람이에요.

4. 검은 모자를 ______________________.

읽기

작년에 고향에 갔을 때 가족사진을 찍었습니다. 어머니는 분홍색 *꽃무늬 원피스를 입고 안경을 끼셨습니다. 그리고 목걸이를 하셨습니다. 아버지는 갈색 *줄무늬 양복에 검은색 구두를 신고 계십니다. 파란색 넥타이를 매셨습니다. 언니는 보라색 블라우스에 까만 치마를 입었습니다. 그리고 작은 분홍색 가방을 손에 들고 반지를 꼈습니다. 저는 하얀 후드 티를 입고 가방을 들고 있습니다. 손에 시계를 찼습니다. 제 동생은 *체크무늬 셔츠에 *반바지를 입었습니다. 파란 *야구 모자도 썼습니다.

가족이 보고 싶을 때 이 사진을 보면 기분이 좋습니다. 다음에 고향에 가면 고향의 *전통 옷을 입고 가족사진을 찍어 보려고 합니다.

* 꽃무늬: Flower patterns, 줄무늬: Striped pattern, 체크무늬: Checked pattern, 반바지: Shorts, 야구 모자: Baseball cap, 전통: Tradition

내용 확인

Q1. 글을 읽고 질문에 대답해 보세요. Read the text and answer the questions.

1. 사진 속 사람들이 누구예요? 빈칸에 써 보세요.

2. 이 사진은 언제 찍었어요?

3. 이 사람은 언제 가족사진을 봐요?

4. 이 사람은 다음에 고향에 가서 뭐 할 거예요?

Q1. 지금 어떤 옷을 입고 있어요? 써 보세요.

What are you wearing now? Write your response.

Q1. 지금 무엇을 입고 있어요?

Q2. 그 옷은 무슨 색이에요?

Q3. 뭐 할 때 보통 그 옷을 입어요?

Q4. 그 옷을 어디에서 샀어요?

6과 죄송하지만 이 옷을 바꿔 주시겠어요?

학습 목표

쇼핑한 물건을 교환하거나 환불할 수 있다.

어휘	교환 & 환불
문법	N(이)나
	V/A-거나
	V-겠- [①의지]
	V-아/어 주시겠어요?
말하기	이 바지 좀 바꿔 주시겠어요?
듣기	이 바지를 작은 사이즈로 바꿔 주시거나 환불해 주세요.
읽기	이 글을 보시면 제 휴대폰이나 이메일로 연락해 주십시오.
쓰기	물건을 교환하거나 환불하고 싶어요.
문화 & 발음	한국의 쇼핑, 격음화④

어휘 학습

MP3 50

교환 & 환불 Exchange & Refund

사이즈가 안 맞다
The size doesn't fit

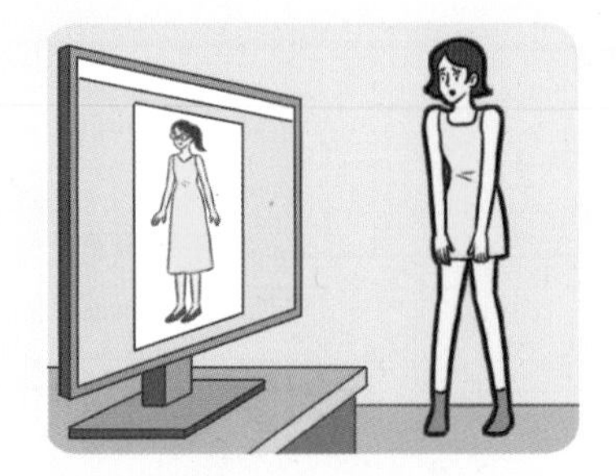

디자인이 다르다
To be different in design

마음에 안 들다
To dislike

고장나다
To be broken

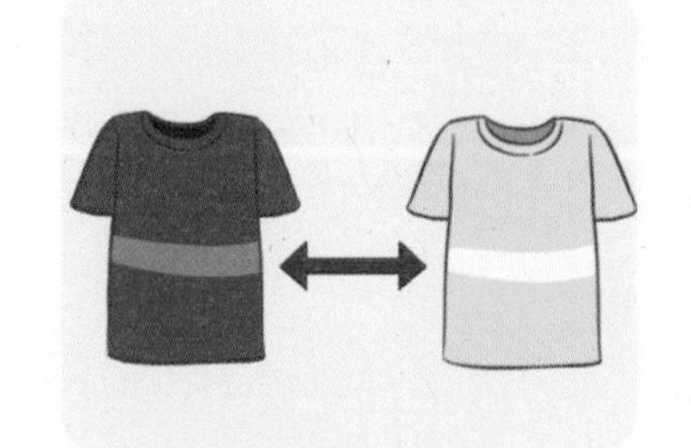

교환하다
To exchange

기간이 지나다
To be out of date

환불하다
To refund

가능하다
To be able to

반품하다
To return

어휘 연습

Q1. 그림을 보고 빈칸을 채워 보세요. Look at the pictures and fill in the blanks.

1. ______________________. [-아/어요]

그래서 티셔츠를 못 입어요.

2. 쇼핑하고 이 주일 후까지 환불할 수 있어요.

______________________-(으)면 환불이 안 돼요.

3. 이 신발이 편하고 좋지만 색깔이 ________________. [-아/어요]

저는 노란색을 사고 싶어요.

4. 바지를 샀어요. 그런데 좀 짧아요.

더 긴 바지로 ________________. [-고 싶다]

5. 인터넷에서 쇼핑해서 원피스를 받았어요.

그런데 원피스의 ________________. [-아/어요]

6. 가: 이 모자를 다른 색으로 바꿀 수 있어요?

나: 네. 교환이 ________________. [-(스)ㅂ니다] 무슨 색으로 바꿔 드릴까요?

7. 가: 어제 인터넷에서 옷을 샀어요. 그런데 사이즈가 작아요.

나: 그럼 받으신 옷을 ________________. [-아/어 주세요]
옷을 받은 다음에 큰 사이즈의 옷을 보내 드리겠습니다.

문법 학습

N(이)나

의미 Meaning

• 둘 이상 나열된 명사 중에서 하나를 선택함을 나타내요.
'-(이)나' means to choose one from two or more listed nouns.

형태 Form

받침 O	+ 이나	흰색: 흰색 + 이나 → 흰색이나
받침 X	+ 나	치마: 치마 + 나 → 치마나

예문 1. 모자나 시계를 사 주세요.
2. 배드민턴**이나** 테니스를 치고 싶어요.

Tip!

두 개의 명사가 같은 동사를 사용해야 해요.
Two nouns must use the same verb.
• 빵이나 주스를 마셔요. (X)
커피나 주스를 마셔요. (O)

Q. 친구와 이야기해 보세요. Talk with your friend.

질문	나	친구
1. 시간이 있으면 무엇을 해요?		
2. 어디에 여행을 가고 싶어요?		
3. 휴대폰으로 무엇을 봐요?		
4. 누구하고 자주 통화해요?		
5. 돈을 받으면 무엇을 살 거예요?		

문법 연습

Q1. 그림을 보고 질문에 대답해 보세요. Look at the picture and answer the questions.

보기

가: 아침에 보통 뭐 먹어요?

나: 과일이나 빵을 먹어요.

1.

가: 카페에 가면 보통 뭐 마셔요?

나: ______________________

2.

가: 친구 생일에 친구한테 뭐 선물해요?

나: ______________________

3.

가: 어디에서 한국어를 공부해요?

나: ______________________

4.

가: 시간이 있을 때 어디에 가요?

나: ______________________

5.

가: 한국어를 모를 때 누구한테 물어봐요?

나: ______________________

6. ?

가: 언제 시간이 있어요?

나: ______________________

7. ?

가: 어디에서 사진을 찍고 싶어요?

나: ______________________

문법 학습

MP3 52

V/A-거나

의미 Meaning

• 두 개 중에서 하나를 선택함을 나타내요.

'-거나' is used when one of either the preceding statement or the following statement can be chosen.

형태 Form

받침 O	–거나	먹다: 먹 + –거나 ➡ 먹거나
받침 X	–거나	바쁘다: 바쁘 + –거나 ➡ 바쁘거나

예문
1. 아침에 빵을 **먹거나** 커피를 마셔요.
2. **바쁘거나** 피곤할 때 택시를 타요.
3. 오후에 음악 **듣거나** 영화를 볼까요?
4. 내일은 집에서 **청소하거나** 공부할 거예요.

Q. 친구와 이야기해 보세요. Talk with your friend.

질문	나	친구
1. 생일 파티 때 뭐 해요?		
2. 휴대폰으로 뭘 할 수 있어요?		
3. 시간이 있을 때 뭐 해요?		
4. 감기에 걸리면 뭐 해야 해요?		
5. 친구가 한국에 오면 뭐 할 거예요?		

문법 연습

Q1. 그림을 보고 질문에 대답해 보세요. Look at the picture and answer the questions.

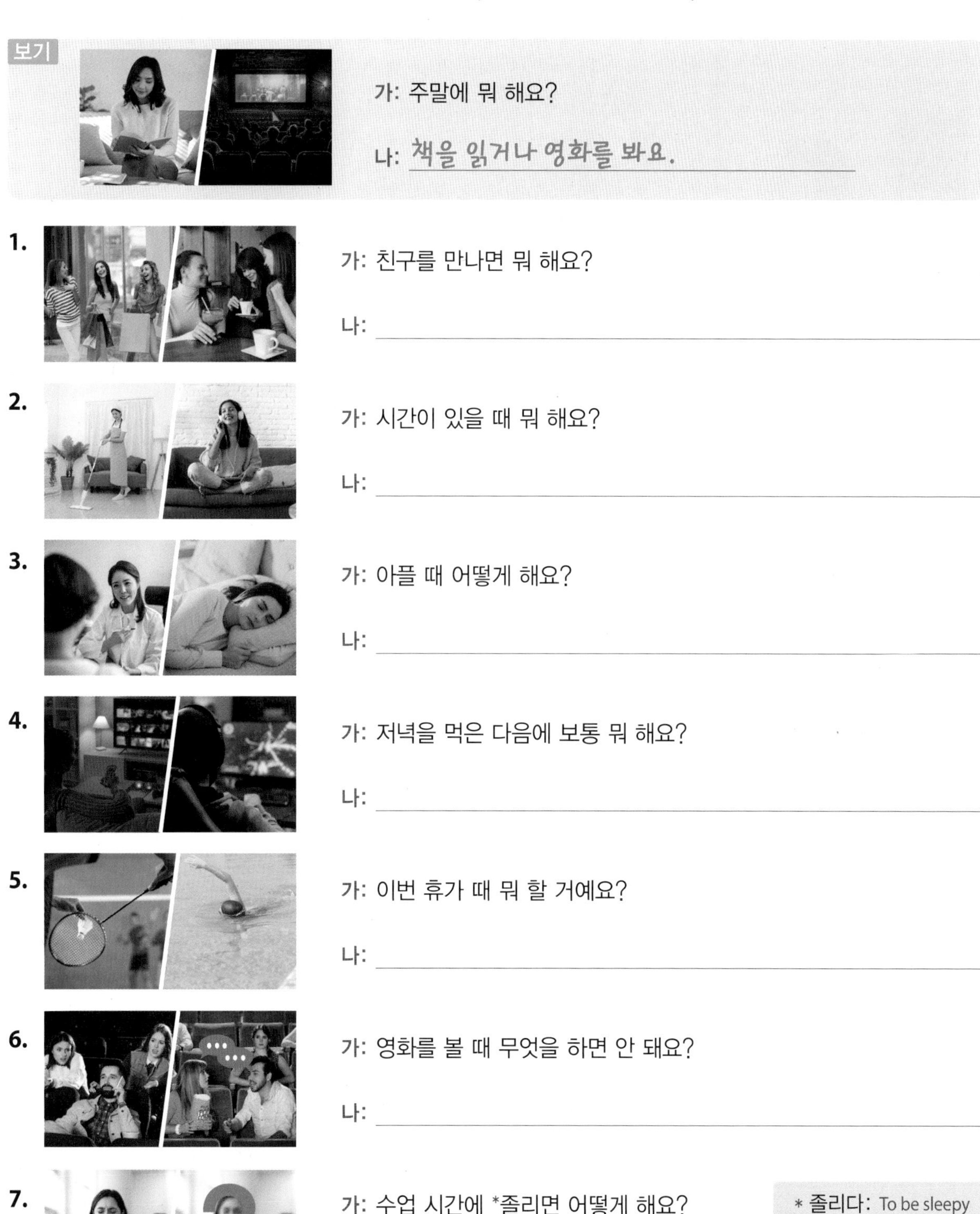

보기

가: 주말에 뭐 해요?

나: 책을 읽거나 영화를 봐요.

1. 가: 친구를 만나면 뭐 해요?

   나: ______________________

2. 가: 시간이 있을 때 뭐 해요?

   나: ______________________

3. 가: 아플 때 어떻게 해요?

   나: ______________________

4. 가: 저녁을 먹은 다음에 보통 뭐 해요?

   나: ______________________

5. 가: 이번 휴가 때 뭐 할 거예요?

   나: ______________________

6. 가: 영화를 볼 때 무엇을 하면 안 돼요?

   나: ______________________

7. 가: 수업 시간에 *졸리면 어떻게 해요?

   나: ______________________

   * 졸리다: To be sleepy

문법 3

문법 학습

V-겠- [①의지]

의미 Meaning

- 말하는 사람이 어떤 것을 할 것이라는 의지나 의도를 나타내요.
  '-겠-' is used to emphasize one's strong will or intention to follow through with an action.

형태 Form

받침 O	-겠다	읽다: 읽 + -겠다 ➞ 읽겠다
받침 X	-겠다	하다: 하 + -겠다 ➞ 하겠다

예문 1. 내일부터 매일 한국어 책을 **읽겠습니다**.
2. 이제 한국어 공부를 열심히 **하겠습니다**.

Tip!
'-겠-'이 의도나 의지를 나타낼 때 주어로 3인칭이 올 수 없어요.
When '-겠-' is used to express intention or will, the subject cannot be in the third person.
- 빈슨 씨는 내일부터 운동하겠어요. (X)
  → 빈슨 씨는 내일부터 운동할 거예요. (O)

한국어로 이렇게 말해요! This is how you say it in Korean!

밥 먹기 전에

잘 먹겠습니다.

학교에 가기 전에

학교 잘 다녀오겠습니다.

처음 만나면

처음 뵙겠습니다.

설명을 듣고 알 때/모를 때

알겠습니다.

모르겠습니다.

문법 연습

Q1. 그림을 보고 대화를 완성해 보세요. Look at the pictures and complete the dialogue.

보기

가: 올해 계획이 있어요?

나: 올해에는 열심히 공부하겠습니다.

1. 가: 내일부터 운동을 하셔야 합니다.

   나: 네. ______________________

2. 가: 또 늦을 거예요?

   나: 죄송합니다. 이제______________________

3. 가: 술을 마시지 마세요.

   나: 네, 오늘부터 ______________________

4. 가: 매일 아침을 먹으면 건강에 좋아요.

   나: 그래요? 그럼 저도 이제 ______________________

5. 가: 내일까지 일을 다 끝낼 수 있어요?

   나: 네, ______________________

Q2. 여러분의 올해/내년 계획을 써 보세요. Write down your plans for this year/next year.

1. ______________________
2. ______________________
3. ______________________

문법 학습

V-아/어 주시겠어요?

의미 Meaning

• 다른 사람에게 어떤 행동을 해 줄 것을 정중하게 요청함을 나타내요.
'-아/어 주시겠어요?' is used to express a request to someone to perform an action.

형태 Form

ㅏ, ㅗ	–아 주시겠어요?	보다: 보 + –아 주시겠어요?	➜ 봐 주시겠어요?
ㅏ, ㅗ X	–어 주시겠어요?	만들다: 만들 + –어 주시겠어요?	➜ 만들어 주시겠어요?
–하다	–해 주시겠어요?	교환하다: 교환 + –해 주시겠어요?	➜ 교환해 주시겠어요?

예문
1. 신청서를 **써 주시겠어요?**
2. 제 말 좀 **들어 주시겠어요?**
3. 이 옷을 **교환해 주시겠어요?**
4. 저를 좀 **도와주시겠어요?**

'–아/어 주시겠어요?'가 '아/어 주세요'보다 좀 더 공손한 느낌의 표현이에요.
'–아/어 주시겠어요?' is a more polite expression that shows more consideration for the listener than '–아/어 주세요.'
• 여기 좀 봐 주세요.
→ 여기 좀 봐 주시겠어요?

Q. 〈보기〉와 같이 친구와 이야기해 보세요. Talk with your partner as shown in the example.

보기

❶

❷

❸

❹

문법 연습

Q1. 그림을 보고 대화를 완성해 보세요. Look at the pictures and complete the dialogue.

보기

가: 옷이 작으세요?

나: 네, 좀 더 큰 사이즈로 바꿔 주시겠어요?

1.

가: 안경이 없어서 볼 수가 없어요.

좀 ______________________________

나: 네, 제가 읽어 드릴게요.

2.

가: ______________________________

나: 네. 지금 타쿠야 씨에게 이메일을 보내겠습니다.

3.

가: 회원 카드를 만들고 싶어요.

나: 그럼 먼저 ______________________________

4.

가: 옷이 마음에 안 드세요?

나: 네, ______________________________

5.

가: 어떻게 해 드릴까요?

＊ 자르다: To cut

나: 머리가 너무 길어요.

조금만 ______________________________

6.

가: ______________________________

나: 알겠어요. 병원에 저하고 같이 가요.

말하기

직원: 어서 오세요.

타쿠야: 죄송하지만 이 옷을 바꿔 주시겠어요?

직원: 네, 그런데 영수증이 없거나 더러우면 교환을 할 수 없습니다.

타쿠야: 여기 영수증이요.

직원: 네, 그럼 옷을 저한테 주시겠어요?

타쿠야: 잠깐만 기다려 주세요. 여기요.

직원: 네, 확인했습니다. 어떤 옷으로 바꿔 드릴까요?

타쿠야: 회색이나 하얀색 바지 있어요?

직원: 죄송합니다. 그 색은 지금 없습니다.

타쿠야: 그래요? 그럼 여기 이 티셔츠로 바꿀 수 있어요?

직원: 네, 한번 입어 보세요. 불편하거나 작으면 말씀하세요.

타쿠야: 네, 감사합니다.

내용 확인

Q1. 대화를 듣고 질문에 대답해 보세요. Listen to the dialogue and answer the questions.

1. 타쿠야 씨는 왜 옷 가게에 갔습니까?

2. 옷을 바꿀 때 무엇이 필요합니까?

3. 타쿠야 씨는 왜 바지로 바꿀 수 없었습니까?

4. 이제 타쿠야 씨는 무엇을 할 것입니까?

말하기 연습

Q2. 아래 어휘를 사용하여 친구와 대화 연습을 해 보세요.

Practice having a conversation with your friend using the vocabulary below.

이 옷을 바꾸다 **영수증이 없다** 회색 / 하얀색 불편하다 / 작다	옷을 교환하다 **이미 입었다** 파란색 / 갈색 옷이 크다 / 마음에 안 들다	다른 옷으로 바꾸다 **교환 기간이 지났다** 검은색 / 보라색 궁금한 것이 있다 / 다른 옷을 보고 싶다

Q3. 교환을 하고 싶어요. 손님과 직원이 되어서 친구와 대화를 만들어 보세요.

You want to exchange something. Have a conversation with your friend, one as a customer and the other as an employee.

Q. 여러분은 옷이 마음에 안 들거나 사이즈가 안 맞으면 어떻게 해요?
What do you do if you don't like the clothes or they don't fit?

듣기 연습 ❶

Q1. 잘 듣고 질문에 맞는 대답을 고르세요. Listen carefully and choose the correct answer.

1. ① 다른 디자인의 구두

② *밝은 색깔의 구두

2. ① 큰 스웨터를 좋아해서

② 큰 스웨터가 *인기가 많아서

3. ① 구두를 좋아하지 않아서

② 편한 운동화가 더 좋아서

> * 밝다: To be bright, 인기: Popularity, 어둡다: To be dark, 별로: Not really

듣기 연습 ❷

MP3 57

Q2. 잘 듣고 맞으면 O, 틀리면 X 표시해 보세요. Listen carefully, and mark O if correct, and X if incorrect.

1. 남자는 바지를 사러 가게에 왔습니다. O X

2. 남자는 할인할 때 이 바지를 샀습니다. O X

3. 가게에는 남자 사이즈의 바지가 없었습니다. O X

4. 남자는 이 옷을 *고쳐서 입기로 했습니다. O X

* 고치다: To alter, 상품: Product

듣기 연습 ❸

Q3. 잘 듣고 빈칸을 채워 보세요. Listen carefully and fill in the blanks.

1. 이 바지를 ______________________ 환불해 주세요.

2. 바지 좀 ______________________?

3. 이 바지는 할인 상품이라서 ______________________ 가능하지 않습니다.

4. 네, 그럼 다음 주까지 ______________________.

읽기

제목: **신발을 교환해 주시겠습니까?**

안녕하세요?

지난 주말에 ㉠여기에서 빨간색 구두하고 하얀색 운동화를 주문했습니다. 어제 물건이 도착해서 신어 봤습니다. 그런데 구두가 좀 작습니다. 한 사이즈 큰 것으로 바꿔 주시겠습니까? 그리고 운동화는 사이즈는 맞지만 색깔이 *잘못 왔습니다. 지금 보니까 제가 주문한 하얀색은 *품절이고 다른 색은 마음에 안 듭니다. 하얀색으로 교환할 수 없으면 운동화는 환불하겠습니다.

그런데 이 구두하고 운동화를 어떻게 반품해야 합니까? 제가 요즘 바빠서 우체국에서 *택배를 보낼 수 없습니다. 택배 아저씨가 새 신발을 배달할 때 구두하고 운동화를 같이 보내도 됩니까? 이 글을 보시면 제 휴대폰이나 이메일로 연락해 주십시오.

* 잘못: Wrong, 품절: Out of stock, 택배: Package

내용 확인

Q1. 글을 읽고 질문에 대답해 보세요. Read the text and answer the questions.

1. '㉠여기'는 어디일까요?

2. 구두가 왜 마음에 안 들어요? 어떻게 하고 싶어요?

3. 운동화는 어떻게 하려고 해요?

4. *쇼핑몰에서 이 사람에게 어떻게 연락할 수 있어요?

* 쇼핑몰: Shopping mall

Q1. 쇼핑한 물건을 교환하거나 환불하고 싶어요. 쇼핑몰 담당자에게 요청하는 글을 써 보세요.
You want to exchange or return the items you purchased. Write a request to the store manager.

Q1. 쇼핑몰에서 무엇을 샀어요?

Q2. 그 물건을 왜 교환하거나 환불하려고 해요?

Q3. 그것을 무엇으로 교환하고 싶어요? (2개)

Q4. 교환할 수 없으면 어떻게 할 거예요?

한국의 쇼핑

Shopping in Korea

한국에서는 다양한 방식으로 쇼핑을 해요.

There are different ways to shop in Korea.

백화점이나 시장에서 직접 물건을 보고 사요.

They go to department stores or markets to purchase items in-store.

홈쇼핑 방송이나 쇼핑몰 사이트를 통해 편하게 물건을 사요.

They purchase items conveniently from TV shopping mall channels and online clothing stores.

급할 때는 배달앱을 사용하기도 해요. 또 더 저렴하게 구입하기 위해 중고품 거래앱을 사용하기도 해요.

They even use food delivery apps when they are in a hurry. They also use secondhand shopping apps to find cheaper items.

여러분 나라에서는 어떻게 쇼핑을 해요?

How do people shop in your country?

격음화④

받침소리 [ㅂ] 뒤에 처음 오는 글자가 'ㅎ'이면,
[ㅂ]과 [ㅎ] 소리가 합쳐져 [ㅍ]으로 발음해요.

If the first letter after the final consonant [ㅂ] is 'ㅎ', [ㅂ] and [ㅎ] are combined and pronounced as [ㅍ].

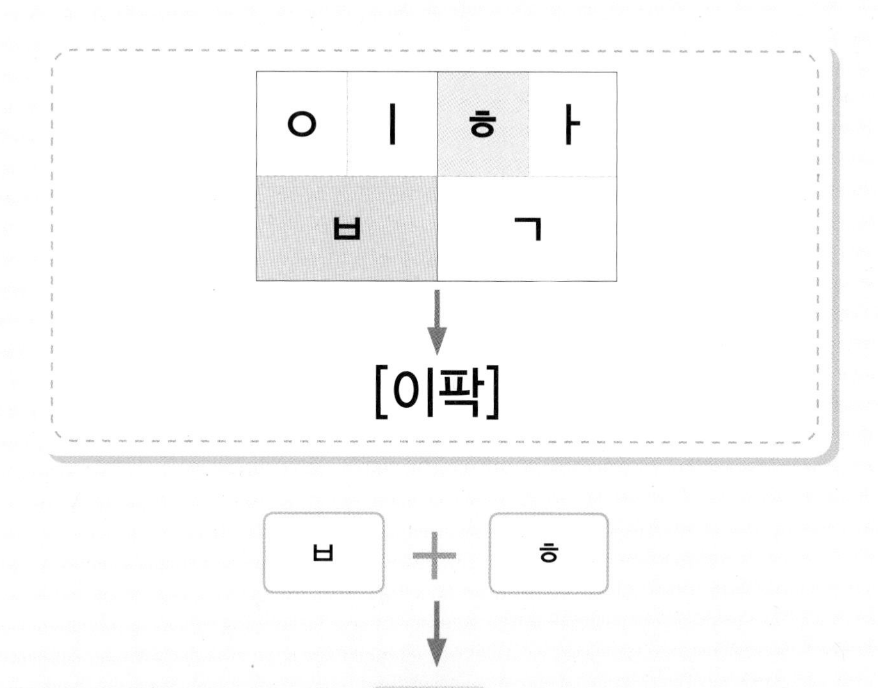

ㅂ + ㅎ
↓
[ㅍ]

Q1. 밑줄 친 글자의 발음을 잘 들어 보세요.
Listen carefully to the pronunciation of the underlined letter.

급행	아홉 형제	대답하세요	밥 한 그릇
[그팽]	[아호평제]	[대다파세요]	[바판그륻]

7과 날씨가 많이 더워졌어요.

학습 목표

날씨 변화를 설명할 수 있다.

어휘	계절 & 날씨
문법	A-아/어지다
	V/A-(으)ㄹ 것 같다
	V/A-(으)니까[①이유]
말하기	날씨가 많이 더워졌어요.
듣기	정말 예쁠 것 같아요.
읽기	날씨가 더우니까 시원한 산이나 바다로 갑니다.
쓰기	오늘 날씨가 어때요?

어휘 학습

계절 & 날씨 Season & Weather

계절 Season

봄
Spring

여름
Summer

가을
Autumn

겨울
Winter

날씨 Weather

맑다
To be sunny

흐리다
To be cloudy

따뜻하다
To be warm

쌀쌀하다
To be chilly

비가 오다(↔그치다)
To be rainy(↔The rain stops)

눈이 오다(↔그치다)
To snow(↔The snow stops)

바람이 불다(↔그치다)
To be windy(↔The wind stops)

어휘 연습

Q1. 다음을 보고 생각나는 계절을 써 보세요.

Look at the following pictures and write the season that comes to mind.

Q2. 〈보기〉에서 알맞은 어휘를 골라 빈칸을 채워 보세요.

Choose the correct word from the box and fill in the blanks.

보기			
날씨	맑다	흐리다	따뜻하다
쌀쌀하다	오다	그치다	불다

1. 저는 매일 아침 신문에서 ______________________ 을/를 확인해요.

2. 지금 바람이 ______________________ 조금 추워요.

3. 이제 비가 ______________________ 우산이 필요하지 않아요.

4. 이렇게 ______________________ 날에는 *선글라스를 쓰세요.

5. 밖은 ______________________. 옷을 많이 입으세요.

6. 오늘은 *구름이 많고 ______________________ 날씨가 될 거예요.

7. 눈이 ______________________ 친구하고 눈사람을 만들고 싶어요.

8. 저는 날씨가 추울 때 ______________________ 차를 마셔요.

* 선글라스: Sunglasses, 구름: Cloud

문법 학습

A-아/어지다

의미 Meaning

• 시간이 지나면서 변화된 상태를 나타내요.
'-아/어지다' is used to express the change of state over time.

형태 Form

ㅏ, ㅗ	–아지다	맑다: 맑 + –아지다	➔ 맑아지다
ㅏ, ㅗ X	–어지다	멀다: 멀 + –어지다	➔ 멀어지다
–하다	–해지다	깨끗하다: 깨끗 + –해지다	➔ 깨끗해지다

예문 1. 비가 온 후에 날씨가 **맑아졌어요.**
2. 청소를 해서 방이 **깨끗해졌어요.**
3. 라면에 계란을 넣으면 더 **맛있어져요.**
4. 회사 근처로 이사해서 회사가 **가까워졌어요.**

'–아/어지다'는 동사예요.
Adding '–아/어지다' to an adjective makes it a verb.
• 예뻐요 → 형용사
• 예뻐져요 → 동사

Q. 무엇이 달라졌어요? 이야기해 보세요. What has been changed? Talk about it.

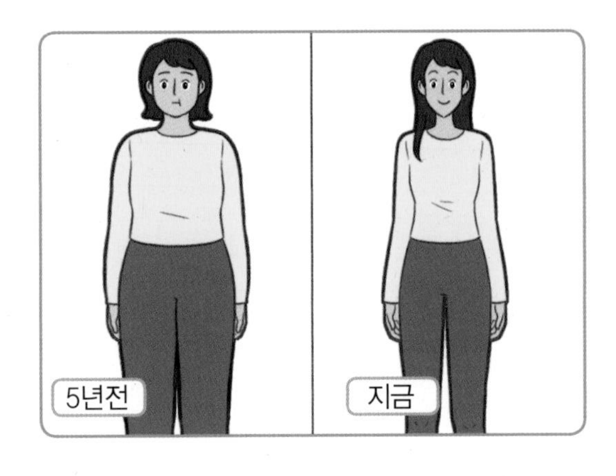

문법 연습

Q1. 그림을 보고 문장을 완성해 보세요. Look at the pictures and complete the sentences.

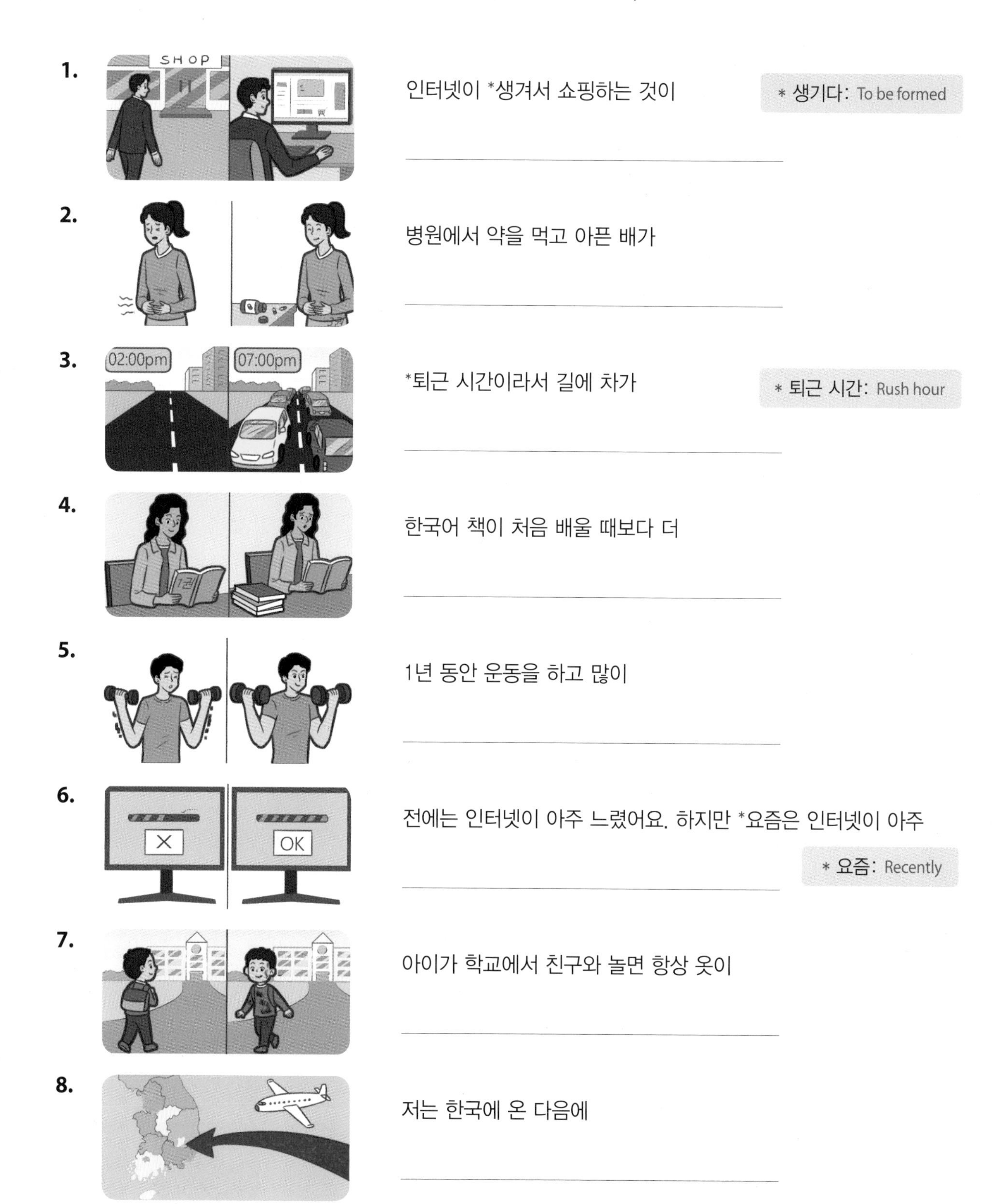

1. 인터넷이 *생겨서 쇼핑하는 것이 ______________________

   * 생기다: To be formed

2. 병원에서 약을 먹고 아픈 배가 ______________________

3. *퇴근 시간이라서 길에 차가 ______________________

   * 퇴근 시간: Rush hour

4. 한국어 책이 처음 배울 때보다 더 ______________________

5. 1년 동안 운동을 하고 많이 ______________________

6. 전에는 인터넷이 아주 느렸어요. 하지만 *요즘은 인터넷이 아주 ______________________

   * 요즘: Recently

7. 아이가 학교에서 친구와 놀면 항상 옷이 ______________________

8. 저는 한국에 온 다음에 ______________________

문법 학습

V/A-(으)ㄹ 것 같다

의미 Meaning

• 아직 일어나지 않은 일이나 행동, 상태를 추측할 때 사용해요.
'-(으)ㄹ 것 같다' used when speculating about an event, action, or state that has not yet occurred.

형태 Form

받침 O	-을 것 같다	맑다: 맑 + -을 것 같다 ➞ 맑을 것 같다
받침 X	-ㄹ 것 같다	오다: 오 + -ㄹ 것 같다 ➞ 올 것 같다

예문
1. 내일 비가 **올 것 같아요.**
2. 숙제를 오늘 다 못 **할 것 같아요.**
3. 이번 시험은 **어려울 것 같아요.**
4. 이 바지는 저에게 **길 것 같아요.**

Tip!

1. 말하는 사람이 자신의 의견을 단정적으로 말하지 않고 완곡하게 말할 때도 많이 사용해요.
Typically, it is used when the speaker does not express his or her opinion definitively, but rather euphemistically.
• 노란색보다는 빨간색 모자가 좋을 것 같아요.
2. 과거나 끝난 일에 대한 추측에는 '았/었을 것 같다'를 사용해요.
'았/었을 것 같다' is used when speculating about the past or something that has already occurred.
• 지난번 여행이 재미있었을 것 같아요.
• 제 편지가 이미 도착했을 것 같아요.

Q. 다음 그림을 보고 자신의 생각을 말해 보세요.
Look at the following pictures and answer the questions freely.

1. 라면에 무엇을 넣으면 맛있어요?

2. 우리 반 친구들과 무엇을 하면 즐거워요?

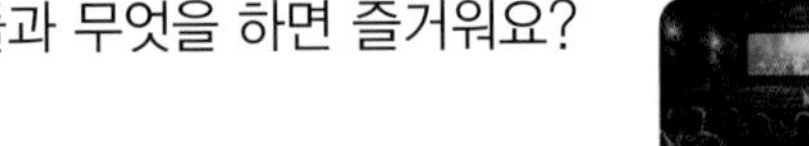   

3. 무슨 한국 음식이 요리하기 쉬워요?

   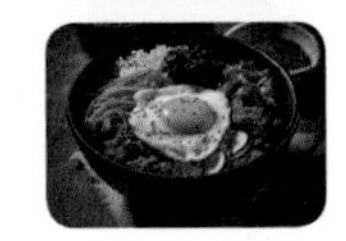

문법 연습

Q1. 그림을 보고 대화를 완성해 보세요. Look at the pictures and complete the dialogue.

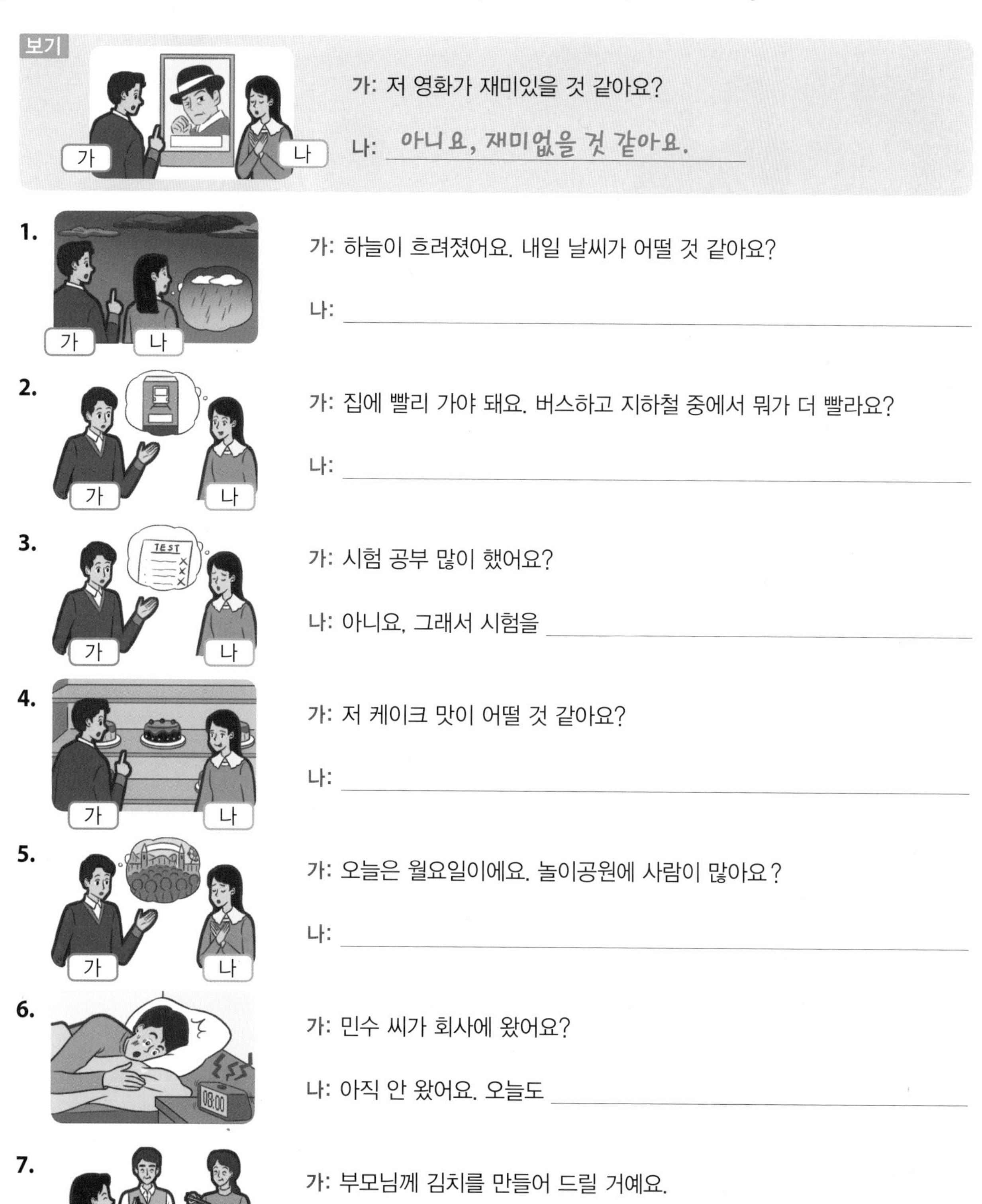

보기

가: 저 영화가 재미있을 것 같아요?

나: 아니요, 재미없을 것 같아요.

1\. 가: 하늘이 흐려졌어요. 내일 날씨가 어떨 것 같아요?

나: ______________________

2\. 가: 집에 빨리 가야 돼요. 버스하고 지하철 중에서 뭐가 더 빨라요?

나: ______________________

3\. 가: 시험 공부 많이 했어요?

나: 아니요, 그래서 시험을 ______________________

4\. 가: 저 케이크 맛이 어떨 것 같아요?

나: ______________________

5\. 가: 오늘은 월요일이에요. 놀이공원에 사람이 많아요?

나: ______________________

6\. 가: 민수 씨가 회사에 왔어요?

나: 아직 안 왔어요. 오늘도 ______________________

7\. 가: 부모님께 김치를 만들어 드릴 거예요.

나: 부모님께서 ______________________

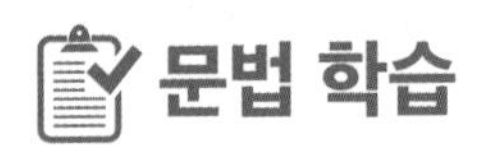

문법 학습

MP3 64

V/A-(으)니까 [①이유]

의미 Meaning

• 동사나 형용사 뒤에 붙어서 이유를 말할 때 사용해요.
'-(으)니까' is added to the stem of a verb or an adjective to indicate a cause or reason.

형태 Form

받침 O	-으니까	재미있다: 재미있 + -으니까 → 재미있으니까
받침 X	-니까	바쁘다: 바쁘 + -니까 → 바쁘니까

예문
1. 이 영화가 **재미있으니까** 보세요.
2. 오늘은 **바쁘니까** 다음에 만나요.
3. 집이 **머니까** 택시를 타려고 해요.
4. 어제는 늦게까지 **일했으니까** 오늘은 일찍 가세요.

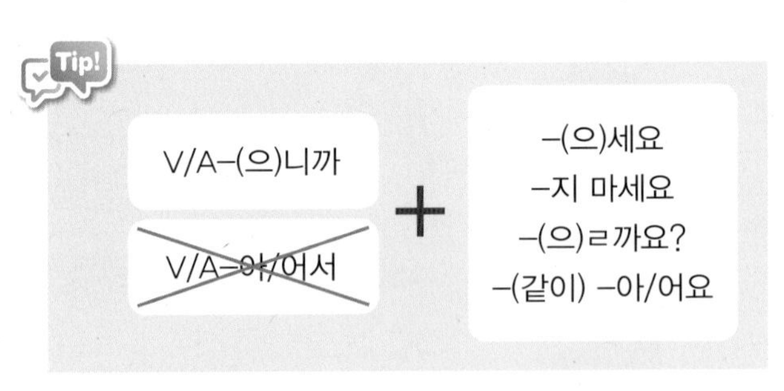

Q. 〈보기〉와 같이 친구와 이야기해 보세요. Talk with your partner as shown in the example.

보기
가: 버스를 탈까요?
나: 지금 길에 차가 많으니까 지하철을 탑시다.

1. 저녁에 햄버거를 먹을까요?

2. 주말에 산에 갈까요?

3. 공포 영화 볼까요?

4. 심심하면 나갈까요?

5. ______________________________?

문법 연습

Q1. 빈칸에 알맞게 써 보세요. Write down the correct words in the blanks provided.

예쁘다	예쁘니까	하다	하니까
좋다		먹다	
멀다		알다	
춥다		*돕다	
*그렇다		듣다	

* 그렇다: As such, Like that, 돕다: To help

Q2. 그림을 보고 대화를 완성해 보세요. Look at the pictures and complete the dialogue.

보기

가: 지하철 탈까요?

나: 지하철에 ___사람이 많으니까___ 택시 탑시다.

1.

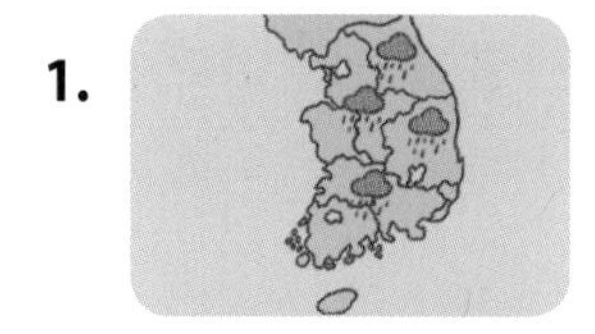

가: 오후에 ______________ *우산을 준비하세요.

나: 네, 말해 줘서 고마워요.

* 우산: Umbrella

2.

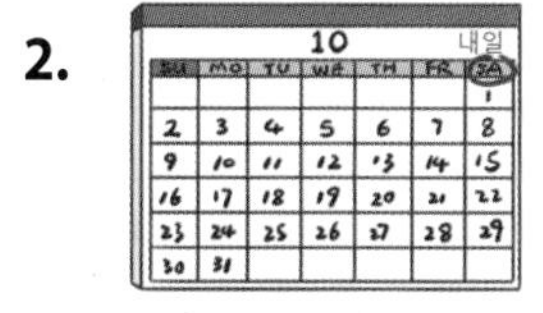

가: 내일 학교에 가요?

나: 아니요, 내일은 ______________ 안 가요.

3.

가: 오늘은 운동 안 할 거예요?

나: 네, 어제 많이 ______________ 오늘은 쉬려고 해요.

4.

가: 아기가 ______________ *라디오 좀 꺼 주세요.

나: 알겠어요. 끌게요.

* 라디오: Radio

5.

가: 사과 주스 한 잔 드릴까요?

나: 아, 전 사과를 ______________ 다른 거 주세요.

6.

가: 파티 준비는 무엇을 먼저 할 거예요?

나: 집이 ______________ 먼저 청소를 해야 할 것 같아요.

말하기

조나단: 너무 더워요. 오늘 *기온이 몇 도예요?

선생님: 28도예요. 날씨가 많이 더워졌어요.

조나단: 네, 그리고 정말 *습해요.

선생님: 맞아요. 한국은 여름에 비가 많이 와서 습해요.

조나단: 어? 갑자기 하늘이 흐려졌어요. 비가 올 것 같아요.

선생님: 그래요? 조나단 씨, 우산 있어요?

조나단: 아니요, 선생님, 혹시 우산을 빌려주실 수 있으세요?

선생님: 미안해요. 저도 우산이 한 개 있어요. 그런데 비가 곧 그칠 것 같으니까 걱정하지 마세요. 그때까지 교실에서 기다리세요.

조나단: 네, 알겠습니다.

선생님: 여름에는 비가 자주 오니까 우산을 항상 준비하세요.

* 기온: Temperature, 습하다: To be humid

내용 확인

Q1. 대화를 듣고 질문에 대답해 보세요. Listen to the dialogue and answer the questions.

1. 한국의 여름은 날씨가 어때요? (2개)

2. 여름에는 항상 무엇을 준비해야 해요?

3. 선생님은 왜 우산을 빌려주지 못했어요?

4. 조나단은 언제까지 교실에 있을 거예요?

말하기 연습

Q2. 아래 어휘를 사용하여 친구와 대화 연습을 해 보세요.

Practice having a conversation with your friend using the vocabulary below.

하늘이 흐리다 비가 오다 비가 자주 오다	하늘이 *까맣다 비가 많이 오다 갑자기 비가 오다	하늘이 어둡다 *소나기가 내리다 비가 많이 오다

* 까맣다: Black, 소나기: Rain shower

Q3. 다음의 날씨를 보고 친구에게 날씨를 말해 주세요.
그리고 이곳을 여행할 때 필요한 물건을 〈보기〉에서 골라 보세요.

Look at the weather map below and tell your friend what the weather is like. Choose the items you will need for your trip to this location from the box below.

보기

가: 뉴욕 여행을 가려고 해요. 뉴욕은 날씨가 어때요?

나: 뉴욕은 *최저 기온이 20.1도이고 *최고 기온이 28.2도예요. 그리고 흐려요.

가: 뉴욕 여행을 갈 때 무엇을 준비해야 해요?

나: 아침과 밤에는 쌀쌀하니까 긴 옷을 준비하세요.

* 최저 기온: The lowest temperature,
최고 기온: The highest temperature

듣기

Q. 요즘 날씨가 어떻습니까? How is the weather these days?

듣기 연습 ❶

Q1. 잘 듣고 어울리는 그림을 고르세요. Listen carefully and choose the correct picture.

1. ①  ②  ③  ④ 

2. ①  ②  ③  ④ 

3. ①  ②  ③  ④ 

* 수건: Towel, 닦다: To wipe

듣기 연습 ❷

MP3 67

Q2. 잘 듣고 맞으면 O, 틀리면 X 표시해 보세요. Listen carefully, and mark O if correct, and X if incorrect.

1. 여자는 올해 겨울에 한국에 왔어요. O X

2. 여자는 전보다 한국 생활이 더 편해졌어요. O X

3. 여자는 고향에서 눈을 보지 못했어요. O X

4. 남자는 겨울에 추워서 *힘들어요. O X

* 힘들다: To be hard, 지나다: To go by/To pass, 그동안: In the meantime, 익숙하다: To be used to, 첫 번째: First

듣기 연습 ❸

Q3. 잘 듣고 빈칸을 채워 보세요. Listen carefully and fill in the blanks.

1. 처음에는 음식도 입에 안 맞고 말도 달라서 한국 생활이 어려웠지만

______________________________.

2. 혼자 ______________________________.

3. 정말 ______________________________.

4. 겨울에 추워서 티엔 씨가 ______________________________.

읽기

한국은 봄, 여름, 가을, 겨울, *사계절이 있습니다.

3월부터 5월까지 봄입니다. 3월은 조금 춥지만 4월부터 날씨가 맑고 따뜻해집니다. 그리고 산과 공원 *여기저기에서 예쁜 꽃들을 볼 수 있습니다. 그래서 사람들이 꽃구경을 하거나 *소풍을 갑니다.

6월부터 8월까지는 여름입니다. 여름에는 비가 오고 많이 더워집니다. 날씨가 더우니까 시원한 산이나 바다로 갑니다.

9월부터 11월까지는 가을입니다. 가을에는 바람이 불고 날씨가 쌀쌀해집니다. 사람들은 등산을 하거나 단풍을 구경합니다.

12월부터 2월까지는 겨울입니다. 한국의 겨울은 아주 춥고 눈도 많이 내려서 사람들이 길고 두꺼운 *코트를 입습니다.

여러분이 한국을 여행할 때 계절을 알고 방문하면 좋을 것 같습니다.

* 사계절: Four seasons, 여기저기: Here and there, 소풍: Picnic, 코트: Coat

내용 확인

Q1. 글을 읽고 질문에 대답해 보세요. Read the text and answer the questions.

1. 한국에는 어떤 계절이 있어요?

2. 어느 계절에 예쁜 꽃을 볼 수 있어요?

3. 여름에는 왜 산이나 바다에 많이 가요?

4. 겨울에는 왜 두꺼운 코트를 입어야 해요?

Q1. 오늘 날씨가 어때요? 써 보세요. How is the weather today? Write your answer.

① 지금이 무슨 계절이에요? 오늘 날씨가 어때요?

② 지난주에는 날씨가 어땠어요?

③ 오늘 날씨가 지난주와 어떻게 달라졌어요?

④ 내일 날씨는 어떨 것 같아요? 왜요?

예시)

지금은 겨울이에요. 오늘 날씨가 많이 추워요.
지난주에는 날씨가 조금 쌀쌀했어요.
오늘 날씨가 지난주보다 많이 추워졌어요.
하늘이 흐리고 많이 추우니까 내일은 눈이 올 것 같아요.

8과 지금 쓰는 휴대폰은 어느 회사 거예요?

학습 목표

자신이 사용해 본 전자 제품의 특징에 대해 설명할 수 있다.

어휘	전자 제품
문법	V–는
	V–(으)ㄴ
	V–(으)ㄹ
	V–(으)니까[②발견]
말하기	제가 써 보니까 화면이 좀 작아서 불편해요.
듣기	조용하고 가벼워서 좋아하시는 분들이 많아요.
읽기	제가 주문한 에어컨이 도착했습니다.
쓰기	여러분이 사용해 본 전자 제품의 특징을 써 보세요.
문화 & 발음	한국의 날씨, 경음화②

어휘 학습

MP3 70

전자 제품 Electronics

선풍기
Fan

세탁기
Washing machine

청소기
Vacuum cleaner

에어컨
Air conditioner

냉장고
Fridge

전자레인지
Microwave

다리미
Iron

드라이어
Hair dryer

노트북
Laptop

어휘 연습

Q1. 다음 그림을 보고 알맞은 단어를 써 보세요. Look at the pictures and write down the correct words.

1. 

____

2. 

____

3. 

____

4. 

____

5. 

____

6. 

____

7. 

____

8. 

____

9. 

____

문법 학습

MP3 71

V-는

의미 Meaning

• '–는' 앞에 오는 동사가 뒤에 오는 명사를 수식하여 동작이나 행위가 현재 일어나고 있음을 나타내요.
'-는' changes a verb into a modifier and makes the verb modify the following noun. It is used to indicate that a certain behavior or action is currently taking place.

형태 Form

받침 O	–는	먹다: 먹 + –는 ➜ 먹는
받침 X	–는	자다: 자 + –는 ➜ 자는

예문
1. 민수 씨는 자주 **만나는** 친구예요.
2. 저기에서 **자는** 사람은 누구예요?
3. 지금 **사는** 집이 어디예요?

Q. 〈보기〉와 같이 친구와 이야기해 보세요. Talk with your friend as shown in the example.

보기
가: 무슨 운동을 해요?
나: 제가 하는 운동은 축구예요.

질문	나	친구
1. 생일에 무엇을 먹어요?		
2. 무슨 색깔을 좋아해요?		
3. 무슨 옷을 자주 입어요?		
4. 누구하고 자주 전화해요?		
5. 어디에 살아요?		

문법 연습

Q1. 그림을 보고 질문에 대답해 보세요. Look at the picture and answer the questions.

보기

가: 어떤 음식을 자주 먹어요?

나: 제가 자주 먹는 음식은 김치찌개예요.

1.

おはよう ございます

가: 요즘 어떤 외국어를 배우고 있어요?

나: ______________________

2.

가: 지금 어디에 살아요?

나: ______________________

3.

가: 어떤 옷을 자주 입어요?

나: ______________________

4.

가: 지금 뭐 만들고 있어요?

나: ______________________

5.

가: 어느 나라 영화를 자주 봐요?

나: ______________________

6.

가: 한국 가수 중에서 누구를 가장 좋아해요?

나: ______________________

7.

?

가: 주말에 어디에 가주 가요?

나: ______________________

문법 학습

MP3 72

V-(으)ㄴ

의미 Meaning	• '–(으)ㄴ' 앞에 오는 동사가 뒤에 오는 명사를 수식하여 동작이나 행위가 과거에 일어났거나 완료된 행위가 유지되고 있음을 나타내요. '-(으)ㄴ' changes a verb into a modifier and makes the verb modify the following noun. It is used to indicate that an action or behavior has occurred in the past or a completed action is being continued.

형태 Form

받침 O	–은	읽다: 읽 + –은 ➜ 읽은
받침 X	–ㄴ	보다: 보 + –ㄴ ➜ 본

예문
1. 어제 **읽은** 책이 재미있었어요.
2. 지난주에 **본** 영화는 재미없었어요.
3. 이건 제가 집에서 **만든** 빵이에요.
4. 아침에 같이 **들은** 노래가 뭐예요?

Q. 친구와 이야기해 보세요. Talk with your friend.

질문	나	친구
1. 주말에 무엇을 먹었어요?		
2. 오늘 누가 제일 일찍 왔어요?		
3. 생일에 무슨 선물을 받았어요?		
4. 어제 무슨 옷을 입었어요?		
5. 한국에서 어디를 여행했어요?		

문법 연습

Q1. '-(으)ㄴ'을 사용하여 〈보기〉와 같이 써 보세요.

Write a sentence using '-(으)ㄴ' as shown in the example.

보기

어제 식당에서 불고기를 먹었어요 + 그 불고기가 맛있었어요.

➡ 어제 식당에서 먹은 불고기가 맛있었어요.

1. 카페에서 커피를 마셨어요. + 그 커피가 조금 *썼어요.

   * 쓰다: Bitter

   ➡ ____________________

2. 아침에 케이크를 만들었어요. + 그 케이크를 친구에게 줬어요.

   ➡ ____________________

3. 주말에 옷을 샀어요. + 그 옷이 좀 작아요.

   ➡ ____________________

4. 친구와 영화를 봤어요. + 그 영화가 무서웠어요.

   ➡ ____________________

Q2. 그림을 보고 '-(으)ㄴ'을 사용하여 대화를 완성해 보세요.

Look at the pictures and complete the dialogue using '-(으)ㄴ'.

1. 

   가 : 와, 그거 무슨 사진이에요?

   나 : 친구하고 지난 방학에 ____________________ 예요/이에요.

2. 

   가 : 미나 씨가 누구예요?

   나 : 파란 운동화를 ____________________ 이/가 미나 씨예요.

3. 

   가 : 내가 ____________________ 을/를 읽었어요?

   나 : 메일이요? 아직 못 봤어요.

4. 

   가 : 어제 저 가수가 ____________________ 들었어요?

   나 : 네, 들었어요. 노래가 정말 좋았어요.

문법 3

문법 학습

MP3 73

V-(으)ㄹ

의미 Meaning

• '-(으)ㄹ' 앞에 오는 동사가 뒤에 오는 명사를 수식하여 미래에 일어날 상황이나 예정, 의도를 나타낼 때 사용해요.
'-(으)ㄹ' changes a verb into a modifier and makes the verb modify the following noun. It is used to indicate a situation, plan, or intention that will occur in the future.

형태 Form

받침 O	-을	먹다: 먹 + -을 → 먹을
받침 X	-ㄹ	가다: 가 + -ㄹ → 갈

예문 1. 내일 **먹을** 음식을 만들고 있어요.
2. 다음 주에 **갈** 곳이 어디예요?
3. 친구와 **살** 집을 찾아야 해요.
4. 저를 **도와줄** 친구들이 많아요.

Q1. 친구와 이야기해 보세요. Talk with your friend.

질문	나	친구
1. 시장이나 마트에 가면 무엇을 사요?		
2. 인터넷으로 무엇을 자주 찾아요?		
3. 결혼하기 전에 무엇을 준비해야 해요?		

Q2. '-(으)ㄴ/는/(으)ㄹ'을 사용하여 빈칸을 채워 보세요. Fill in the blanks using '-(으)ㄴ/는/(으)ㄹ'.

저는 보통 아침 일찍 일어납니다. 제가 (일어나다)__________ 시간은 오전 7시입니다. 저는 어제 미리 (만들다)__________ 아침을 먹고 샤워를 합니다. 샤워를 할 때는 제가 (좋아하다)__________ 음악을 듣습니다. 1시간 정도 오늘 학원에서 (배우다)__________ *단어를 공부합니다. 학원에서 같이 (공부하다)__________ 친구들은 모두 친절하고 좋습니다. 집에 오면 친구에게 (받다)__________ 이메일을 보고 내일 (먹다)__________ 아침 식사를 만듭니다. 가끔 책도 읽습니다. 하지만 책을 (읽다)__________ 시간이 없으면 *그냥 잡니다.

＊단어: Vocabulary, 그냥: Just

문법 연습

Q1. 그림을 보고 문장을 완성해 보세요. Look at the pictures and complete the sentences.

1. 유코 씨에게 ______________ 이야기가 있어서 유코 씨 집에 갔어요.

2.

이건 내일 ______________ 주스예요.

3.

이 집은 제가 내년부터 ______________ 집이에요.

4.

운전할 때 ______________ 음악을 찾고 있어요.

5.

주말에 집에서 ______________ 책을 빌리고 있어요.

6.

내일 생일 파티에서 ______________예요/이에요.

7.

토요일에 친구와 ______________을/를 예약하려고 해요.

문법 4

문법 학습

MP3 74

V-(으)니까 [②발견]

의미 Meaning

• 앞의 행동을 함으로 뒤의 사실을 발견하게 될 때 사용해요.
'-(으)니까' indicates that the speaker discovers something by performing the preceding action.

형태 Form

받침 O	–으니까	입다: 입 + –으니까 ➔ 입으니까
받침 X	–니까	마시다: 마시 + –니까 ➔ 마시니까

예문
1. 학교에 **오니까** 선생님이 계셨어요.
2. *지갑을 **보니까** 카드가 두 장 있었어요.
3. 그 사람과 **이야기해 보니까** 재미있는 사람이었어요.
4. 노래를 **들어 보니까** 친구 집에서 들은 노래였어요.

* 지갑: Wallet

Tip!

① 시제는 뒤에만 제시해요.
Tense is only expressed in the second clause.

[어제] ① 교실에 왔어요. + ② 10시였어요.	
O	X
교실에 오니까 10시였어요.	교실에 왔으니까 10시였어요.

② '–아/어 보다' + '–(으)니까' = '–아/어 보니까'
• 가: 이 책 재미있어요?
나: 네, 읽어 보니까 재미있었어요.

Q. 친구와 이야기해 보세요. Talk with your friend.

질문	나	친구
1. 오늘 몇 시에 일어났어요?		
2. 한국에서 무슨 음식을 처음 먹었어요? 맛이 어땠어요?		
3. 옆에 앉은 친구는 어떤 사람이에요?		

문법 연습

Q1. 그림을 보고 〈보기〉에서 적절한 어휘를 골라 문장을 완성해 보세요.

Look at the pictures and choose the correct vocabulary word to complete the sentences as shown in the example.

보기		
가다	열다	먹다
여행하다	만들다	신다

1. 

냉장고 문을 ______________ 안에 먹을 음식이 없었어요.

2. 

친구 집에 ______________ 친구가 자고 있었어요.

3. 

김치찌개를 ______________ 어렵지 않았어요.

4. 

친구가 만든 음식을 ______________ 짰어요.

그래서 물을 계속 마셨어요.

5. 

인터넷으로 산 신발을 ______________ 작았어요.

그래서 사이즈를 교환해야 돼요.

6. 

______________________________.

여러분도 꼭 가 보세요.

말하기

이리나: 지금 쓰는 휴대폰은 어느 회사 거예요?

빈슨: 그린 거예요.

이리나: 언제 나온 *모델이에요?

빈슨: 작년에 나왔어요. 왜요?
이리나 씨 휴대폰을 바꾸려고요?

이리나: 아니요, 이번 크리스마스에 선물할 휴대폰을 찾고 있어요.

빈슨: 그래요? 누구한테 줄 거예요?

이리나: 언니요. 빈슨 씨가 지금 사용하는 휴대폰은 어때요?

빈슨: 이건 제가 써 보니까 *화면이 좀 작아서 불편해요.

이리나: 그래요? 그럼 그거보다 화면이 크고 가벼운 걸 사고 싶어요.

빈슨: 그럼 지난주에 새로 문을 연 휴대폰 가게에 가 보세요.

이리나: 어디에 있는 가게예요? 여기에서 멀어요?

빈슨: 아니요, 인터넷에서 찾으니까 학교에서 가까웠어요. 수업 끝나고 같이 가요.

* 모델: Model, 화면: Screen

내용 확인

Q1. 대화를 듣고 질문에 대답해 보세요. Listen to the dialogue and answer the questions.

1. 이리나 씨는 왜 휴대폰을 사려고 해요?

2. 빈슨 씨의 휴대폰은 뭐가 안 좋아요?

3. 이리나 씨는 어떤 휴대폰을 찾고 있어요?

4. 두 사람은 수업한 다음에 무엇을 할 거예요?

말하기 연습

Q2. 아래 어휘를 사용하여 친구와 대화 연습을 해 보세요.
Practice having a conversation with your friend using the vocabulary below.

크리스마스에 선물하다 **쓰다** 지난주에 새로 문을 열다	생일에 주다 **이메일을 보내다** 요즘 학생들이 많이 가다	주말에 고향에 보내다 **사용하다** 이 근처에서 가장 크다

Q3. 친구와 이야기해 보세요. Talk with your friend.

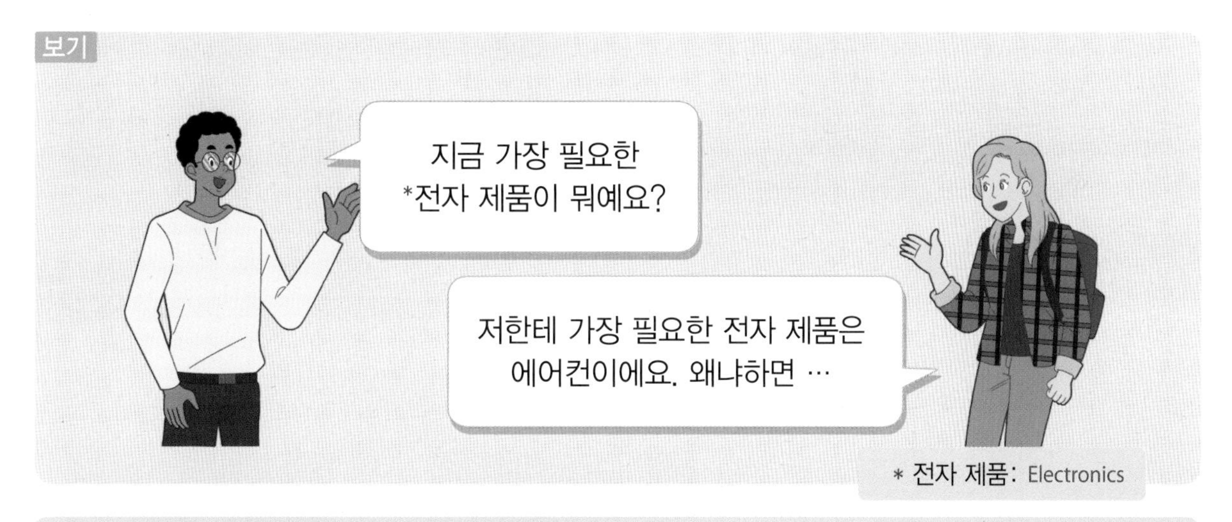

1. 지금 가장 필요한 전자 제품이 뭐예요? 왜 그것이 가장 필요해요?	
2. 전자 제품을 사려면 어디에 가는 것이 좋아요?	
3. 전자 제품을 사러 어디에 가 봤어요? 그곳은 어땠어요?	
4. 가장 많이 사용하는 전자 제품은 뭐예요? 그것을 언제 사용해요?	
5. 고장난 전자 제품은 어떻게 해요?	
6. *미래에 어떤 전자 제품이 나오면 좋을 것 같아요?	

* 미래: Future

듣기

Q. 어떤 제품을 사고 싶어요? What kind of products would you like to buy?

듣기 연습 ❶

Q1. 무엇을 설명하고 있습니까? 골라 보세요.
What is it describing? choose the correct answer.

1. ①  ②  ③ 

2. ①  ②  ③ 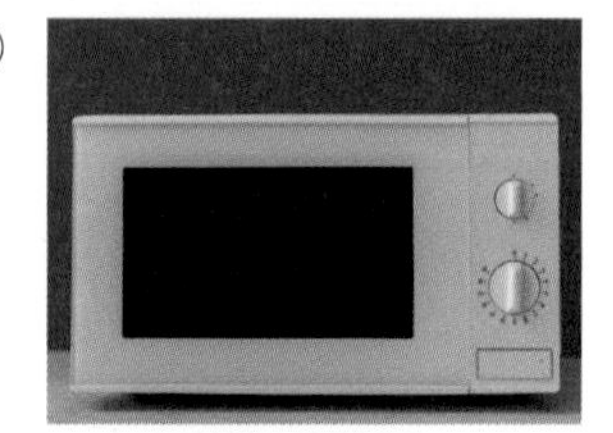

3. ①  ②  ③ 

듣기 연습 ❷

MP3 77

Q2. 잘 듣고 맞으면 O, 틀리면 X 표시해 보세요. Listen carefully, and mark O if correct, and X if incorrect.

1. 여자는 청소기가 없어서 사려고 해요. O X

2. 남자가 *보여준 청소기는 무겁지 않아요. O X

3. 남자는 이 청소기를 써 봤어요. O X

4. 청소기를 사면 집에서 받을 수 있어요. O X

* 보여주다: To show

듣기 연습 ❸

Q3. 잘 듣고 빈칸을 채워 보세요. Listen carefully and fill in the blanks.

1. ______________________가 고장이 났어요.

2. 이게 요즘 ______________________ 모델입니다.

3. ______________________ 집이 정말 깨끗해져요.

4. ______________________ 보내 드리겠습니다.

읽기

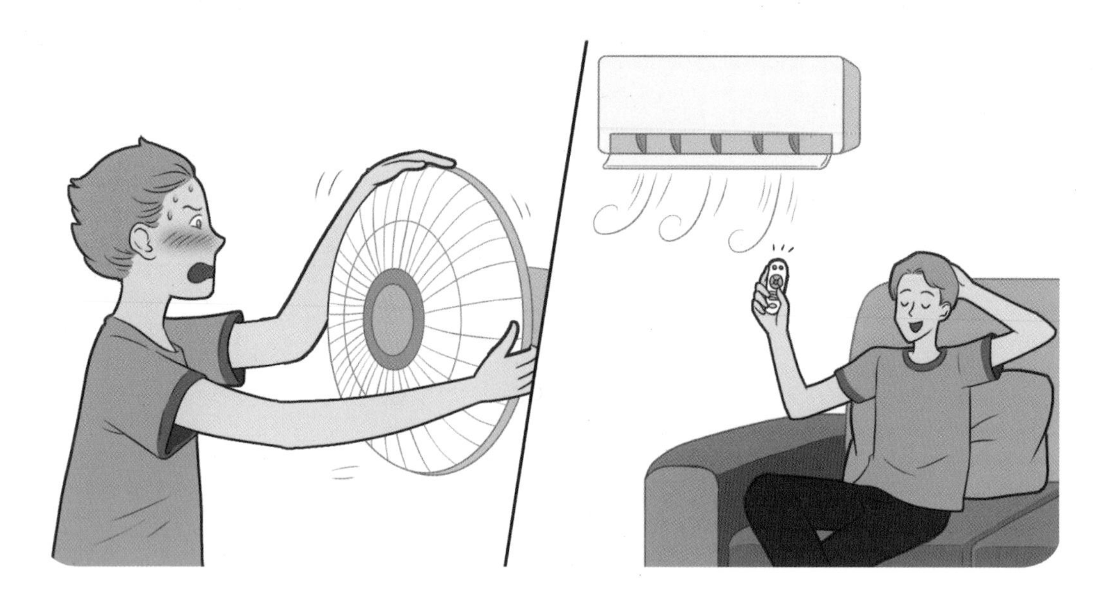

에어컨을 사니까 너무 좋아요!

우리 집에는 에어컨이 2대 있지만 제 방에는 없습니다. 그래서 저는 방에서 선풍기를 사용했었습니다. 그런데 작년에 그 선풍기가 고장나서 작년 여름은 너무 더웠습니다. 올해 여름도 아주 더울 것 같습니다. 그래서 여름이 되기 전에 미리 에어컨을 사려고 집 근처 전자 제품 가게에 갔습니다. 처음에는 가장 싼 것을 구경했지만 요즘 나온 에어컨을 보니까 그것을 사고 싶어졌습니다. 새 모델은 비싸지만 *기능이 많아서 좋았습니다. *결국 저는 요즘 나온 에어컨을 샀습니다. 다음 날 제가 주문한 에어컨이 도착했습니다. 에어컨을 켜니까 정말 시원했습니다. 이번 여름은 시원할 것 같아서 벌써 기분이 좋습니다.

＊기능: Function, 결국: Eventually

내용 확인

Q1. 글을 읽고 질문에 대답해 보세요. Read the text and answer the questions.

1. 작년 여름은 왜 더웠어요?

2. 이 사람은 왜 에어컨을 사려고 해요?

3. 이 사람은 왜 요즘 나온 에어컨을 샀어요?

4. 이 사람은 왜 기분이 좋아요?

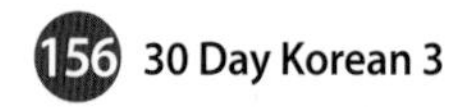

Q1. 여러분이 사용해 본 전자 제품의 특징을 써 보세요.

Write down the features of electronic products you have used.

① 요즘 자주 사용하는 전자 제품이 뭐예요?

② 그 제품을 써 보니까 어때요?

③ 여러분이 산 전자 제품 중에서 제일 안 좋은 제품이 뭐예요? 왜 안 좋아요?

④ 여러분이 산 전자 제품 중에서 제일 좋은 제품이 뭐예요? 왜 좋아요?

예시)

제가 요즘 자주 사용하는 전자 제품은 휴대폰이에요.
이 휴대폰을 써 보니까 크고 무거워서 불편해요.
제가 산 전자 제품 중에서 제일 안 좋은 제품은 텔레비전이에요.
이 텔레비전으로 영화를 보니까 화면이 작아서 눈이 아팠어요.
제가 산 전자 제품 중에서 제일 좋은 제품은 에어컨이에요.
여름에 이 에어컨을 켜니까 집이 금방 시원해졌어요.

문화

한국의 날씨
Weather in Korea

한국 사계절의 날씨는 어떨까요?
What are the four seasons in Korea like?

봄

3월부터 5월까지 봄이에요.
따뜻해서 꽃이 많이 피어요.

It's spring from March to May.
It's warm and many flowers bloom.

여름

6월부터 8월까지 여름이에요.
더워서 사람들이 바다에 놀러 가요.

It's summer from June to August.
It's hot and people go to the beach to cool off.

가을

9월부터 11월까지 가을이에요.
바람이 불고 쌀쌀해서 낙엽이 떨어져요.

It's autumn from September to November.
The wind blows and it's chilly, causing the leaves to fall.

겨울

12월부터 2월까지 겨울이에요.
춥고 눈이 내려서 사람들이 스키를 타거나 눈사람을 만들어요.

It's winter from December to February.
It's cold and snow falls, so people ski or make snowmen.

여러분 나라에는 무슨 계절이 있어요? 날씨는 어때요?
What seasons are there in your country? How is the weather?

경음화②

관형사형 '-(으)ㄹ' 뒤에 처음 오는 글자가 'ㄱ'일 때,
'ㄱ'은 '[ㄲ]'으로 발음해요.

When the first letter after the modifier form '-(으)ㄹ' is 'ㄱ', 'ㄱ' is pronounced as [ㄲ].

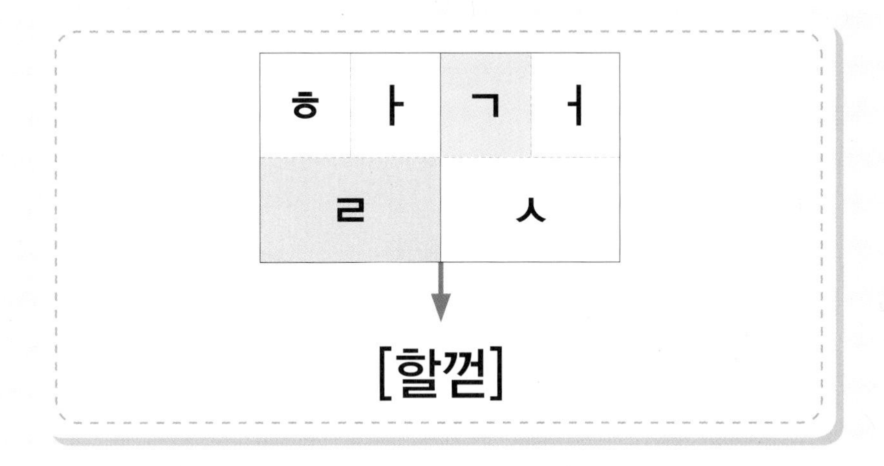

Q1. 밑줄 친 글자의 발음을 잘 들어 보세요.
Listen carefully to the pronunciation of the underlined letter.

잘 거예요.
[잘꺼예요]

올 것 같아요
[올껃가타요]

먹을 것
[머글껃]

만날 곳
[만날꼳]

9과 버스를 타고 가다가 시청에서 내리세요.

학습 목표

길을 설명할 수 있다.

어휘	길 찾기
문법	V–다가
	V/A–(으)ㄹ까요?[②추측]
	V/A–(으)ㄹ 거예요.[②추측]
말하기	오늘 서점에 가면 사람이 많을까요?
듣기	버스 정류장에서부터 걸어서 10분 정도 걸릴 거예요.
읽기	쭉 가다가 사거리에서 횡단보도를 건너서 오른쪽으로 돌면 공원이 나와요.
쓰기	집에서 학원까지 오는 길을 설명해 보세요.

어휘 학습

MP3 81

길 찾기 Finding the way

길
Way, Street, Road

횡단보도
Crosswalk

신호등
Traffic light

출구
Exit

정류장
Stop, Station

사거리
Crossroads

물어보다
To ask

건너다
To cross

나오다
To appear, To show up

보이다
To be shown

똑바로 가다
To go straight

돌다
To turn

어휘 연습

Q1. 그림을 보고 〈보기〉에서 알맞은 어휘를 골라 대화를 완성하세요.

Look at the pictures and complete the conversation by choosing the correct vocabulary from the box.

보기				
나오다	똑바로 가다	건너다	돌다	물어보다

1. 

가: 민수 씨, 어디예요?

나: 횡단보도를 ______________ 보일 거예요.

2. 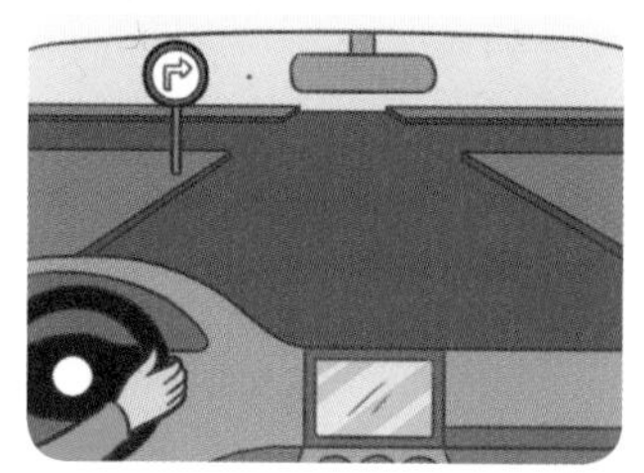

가: 어디로 가야 해요?

나: 사거리에서 오른쪽으로 ______________.

3. 

가: 지하철역이 어디에 있어요?

나: 이 길로 5분 정도 ______________ 있어요.

4. 

가: 저기요, 혹시 종각역이 어디예요?

나: 죄송하지만 저도 잘 몰라요.

다른 분에게 ______________.

5. 

가: 그린 커피숍이 어디에 있어요?

나: 4번 출구로 ______________ 오른쪽에 보여요.

문법 1

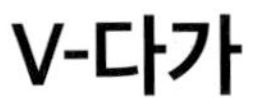

의미 Meaning

• 어떤 행동이 중간에 다른 것으로 바뀌거나 어떤 행동이 지속되는 중에 다른 행동이 추가될 때 사용해요.

'-다가'is used to indicate the speaker's interruption of one action to immediately begin another.

형태 Form

받침 O	–다가	걷다: 걷 + –다가 ➜ 걷다가
받침 X	–다가	보다: 보 + –다가 ➜ 보다가

예문
1. 책을 **읽다가** 잤어요.
2. 영화를 **보다가** 울었어요.
3. 똑바로 **가다가** 왼쪽으로 도세요.
4. **걷다가** 힘들어서 좀 쉬었어요.

'–다가'는 줄여서 '–다'로도 말해요.
'–다가' can also be shortened to '–다'.
• 책을 읽다가 잤어요.
→ 책을 읽다 잤어요.

Q. '–다가 –아/어서 –았/었어요' 형태로 문장을 만들어 보세요.

Make sentences in the form of '–다가 –아/어서 –았/었어요'.

보기
일하다 + ? + 쉬다 ➜ 일하다가 피곤해서 쉬었어요.

1. ? + 어렵다 + 인터넷에서 찾다 ➜ ______________________

2. 밥을 먹다 + 친구가 오다 + ? ➜ ______________________

3. 학교에 가다 + ? + 집에 다시 오다 ➜ ______________________

4. ? + ? + 텔레비전을 끄다 ➜ ______________________

문법 연습

Q1. 그림을 보고 질문에 대답해 보세요. Look at the picture and answer the questions.

보기

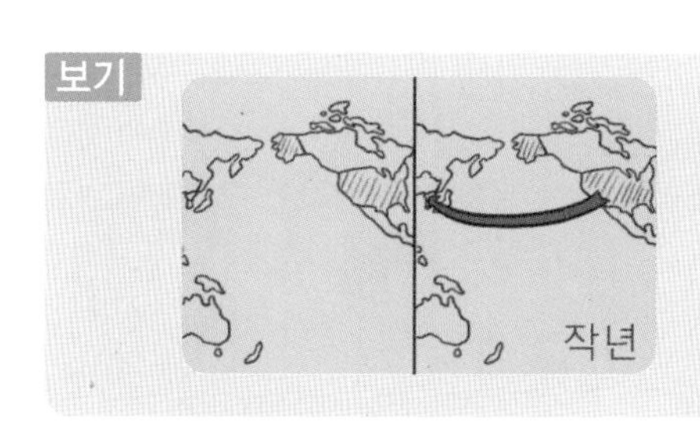

가: 언제 한국에 왔어요?

나: 미국에서 살다가 작년에 한국에 왔어요.

1.

가: 백화점에서 우리 엄마를 봤어요?

나: 네, ____________________

2.

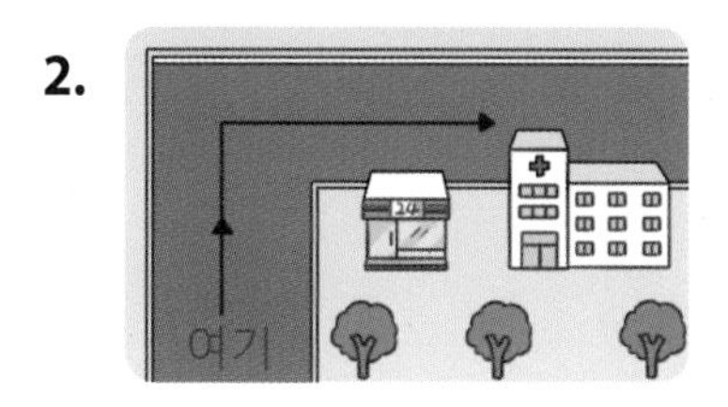

가: 여기에서 병원까지 어떻게 가요?

나: ____________________

3.

가: 왜 숙제를 다 못했어요?

나: ____________________

4.

가: 어제 뭐 했어요?

나: ____________________

5.

가: 언제 커피를 사 왔어요?

나: ____________________

6.

가: 영화가 정말 재미없으면 어떻게 해요?

나: ____________________

문법 학습

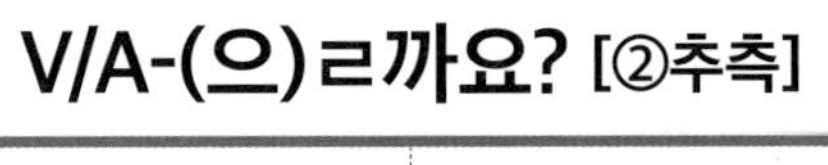

의미 Meaning	• 아직 일어나지 않은 상태나 행동에 대해 추측하며 듣는 사람의 생각을 물어볼 때 사용해요. '-(으)ㄹ까요?' is used when speculating about a state or action that has not yet occurred and asking for someone's opinion.
형태 Form	(see below)

받침 O	-을까요?	있다: 있 + -을까요? ➜ 있을까요?
받침 X	-ㄹ까요?	가다: 가 + -ㄹ까요? ➜ 갈까요?

예문 1. 공원에 사람이 **있을까요**?
2. 내일 비가 **올까요**?
3. 학교가 여기에서 **멀까요**?
4. 이번 여름은 **더울까요**?

Q. 문제를 만들어서 친구에게 물어보세요. Make a list of questions and ask your friend.

Q1. ______________________

Q2. ______________________

Q3. ______________________

Q4. ______________________

문법 연습

Q1. 그림을 보고 질문해 보세요. Look at the pictures and ask a question.

1. 가: 여기에서 병원이 ______________________________?

나: 아니요, 멀지 않아요.

2. 가: 지영 씨가 ______________________________?

나: 네, 지영 씨는 한국 사람이에요.

3. 가: 빈슨 씨가______________________________?

나: 네, 빈슨 씨는 매운 음식을 잘 먹어요.

4. 가: 내일 날씨가 ______________________________?

나: 네, 그러니까 내일 따뜻한 옷을 입으세요.

5. 가: 저 식당 음식이 ______________________________?

나: 맛있을 것 같아요.

6. 가: 빈슨 씨가 지금 ______________________________?

나: 네, 빈슨 씨는 보통 이 시간에 자요.

7. 가: 저 구두는 가격이 ______________________________?

나: *글쎄요. 한번 물어보세요.

* 글쎄: Well

문법 3

문법 학습

V/A-(으)ㄹ 거예요 [②추측]

의미 Meaning

• 경험한 것을 바탕으로 말하는 사람의 추측을 나타내는 표현이에요.
'-(으)ㄹ 거예요' expresses the speaker's supposition based on past experiences or something seen or heard that provides a basis for the belief.

형태 Form

받침 O	−을 거예요	많다: 많 + −을 거예요 ➜ 많을 거예요
받침 X	−ㄹ 거예요	사다: 사 + −ㄹ 거예요 ➜ 살 거예요

예문
1. 주말이라서 길에 차가 **많을 거예요.**
2. 한국에서 살았으니까 한국어를 **알 거예요.**
3. 짧은 바지를 입고 나가면 **추울 거예요.**
4. 유코는 아파서 술을 안 **마셨을 거예요.**

1. 추측의 '−(으)ㄹ까요?'에 대한 대답으로 '−(으)ㄹ 거예요'를 많이 사용해요.
'−(으)ㄹ 거예요' is commonly used in response to '−(으)ㄹ까요?' expressing supposition.
• 가: 오늘 다 할 수 있을까요? 나: 네, 다 할 수 있을 거예요.
2. 가능성이 낮을 때 '아마'와 자주 사용해요. It is often used with '아마' when the possibility is low.
• 아마 시험이 어렵지 않을 거예요.

Q. 〈보기〉와 같이 친구와 이야기해 보세요. Talk with your friend as shown in the example.

보기
가: 한국어를 잘하고 싶어요.
나: 매일 공부하면 잘할 수 있을 거예요.

질문	나	친구
1. 모든 사람이 같은 말을 사용하면 어떨까요?		
2. 부산까지 걸어서 가면 얼마나 걸릴까요?		
3. 고양이나 *강아지가 말을 할 수 있으면 어떨까요?		
4. 휴대폰이 없어지면 생활이 어떻게 *달라질까요?		

* 강아지: Puppy, 달라지다: To be different

문법 연습

Q1. 그림을 보고 대답해 보세요. Look at the pictures and answer the question.

1. 
가: 조나단 씨가 이 책을 읽었을까요?
나: 네, 조나단 씨는 책을 좋아하니까 그 책도 ________________

2. 
가: 누가 음식을 잘 만들까요?
나: 빈슨 씨가 요리사니까 빈슨 씨가 음식을 잘 ________________

3. 
가: 내일 날씨가 어떨까요?
나: 오늘 날씨가 흐리니까 내일은 아마 비가 ________________

4. 
가: 이리나 씨가 점심을 먹었을까요?
나: 네, 지금 오후 2시니까 아마 점심을 ________________

5. 
가: 내일 날씨가 더울까요?
나: 네, 오늘 날씨가 더우니까 내일도 아마 ________________

6. 
가: 내일 파티에 무슨 옷을 입고 갈까요?
나: 빨간 원피스를 입으면 ________________

7. 
가: 어떻게 하면 맛있는 요리를 만들 수 있을까요?
나: ________________

말하기

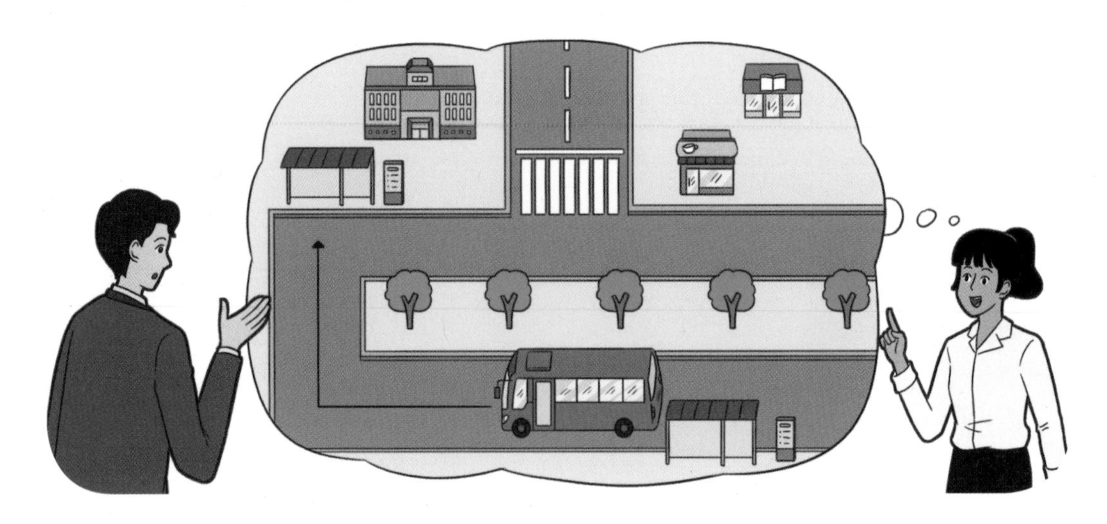

제임스: 유코 씨, 그린 서점에 가 봤어요?

유코: 네, 가 봤어요.

제임스: 오늘 서점에 가면 사람이 많을까요?

유코: 오전에 가면 아마 사람이 안 많을 거예요.

제임스: 여기에서 어떻게 가요?

유코: 여기에서 버스를 타고 가다가 *시청에서 내리세요. 그러면 횡단보도가 있어요.

제임스: 횡단보도를 건너야 돼요?

유코: 네, 횡단보도를 건너서 똑바로 걷다가 그린 카페에서 왼쪽으로 도세요.

제임스: 네. 그리고요?

유코: 왼쪽으로 돌아서 5분 정도 걸어가면 그린 서점이 있어요.

제임스: 여기에서 얼마나 걸릴까요?

유코: 아마 20분 정도 걸릴 거예요. 가다가 모르면 지나가는 사람한테 물어보세요.

* 시청: City hall

내용 확인

Q1. 대화를 듣고 질문에 대답해 보세요. Listen to the dialogue and answer the questions.

1. 제임스는 오늘 어디에 가려고 해요?

2. 유코는 무엇에 대해서 이야기하고 있어요?

3. 버스를 타고 어디에서 내려야 해요?

4. 여기에서 서점까지 얼마나 걸려요?

말하기 연습

Q2. 아래 어휘를 사용하여 친구와 대화 연습을 해 보세요.
Practice having a conversation with your friend using the vocabulary below.

사람이 많다 똑바로 걷다 5분 정도 걷다	사람이 많이 오다 오른쪽으로 걸어가다 똑바로 가다	*복잡하다 왼쪽으로 가다 조금만 *더 걸어가다

* 복잡하다: To be complicated, 더: More

Q3. 아래 지도를 보고 〈보기〉와 같이 친구와 이야기해 보세요.
Look at the map below and discuss it with your friend as shown in the example.

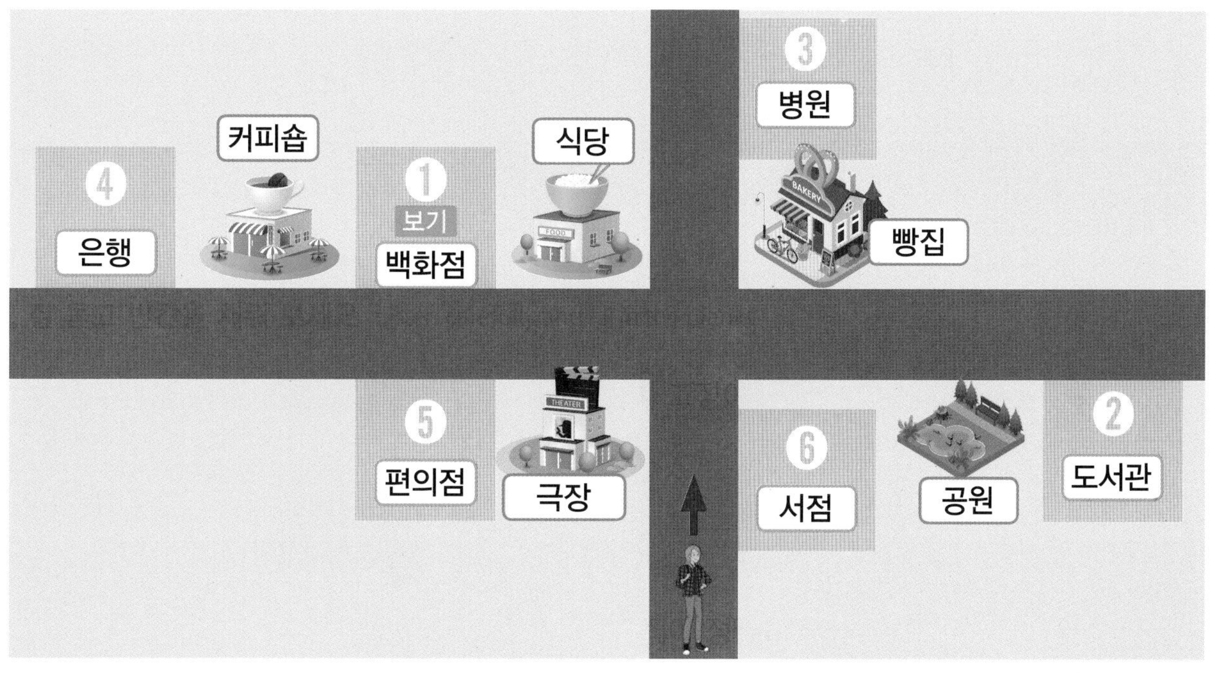

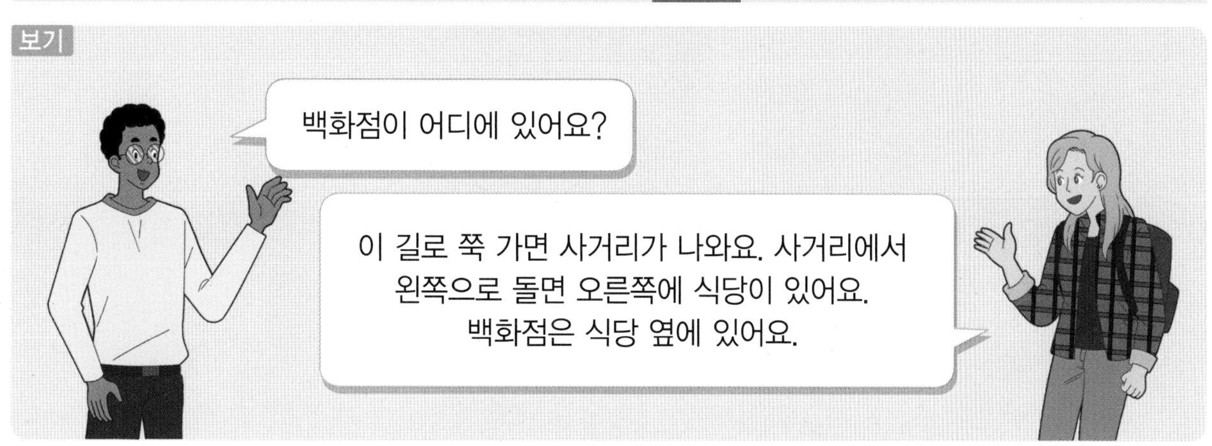

듣기

Q. 버스 정류장에서 집까지 어떻게 갑니까? How do you get home from the bus stop?

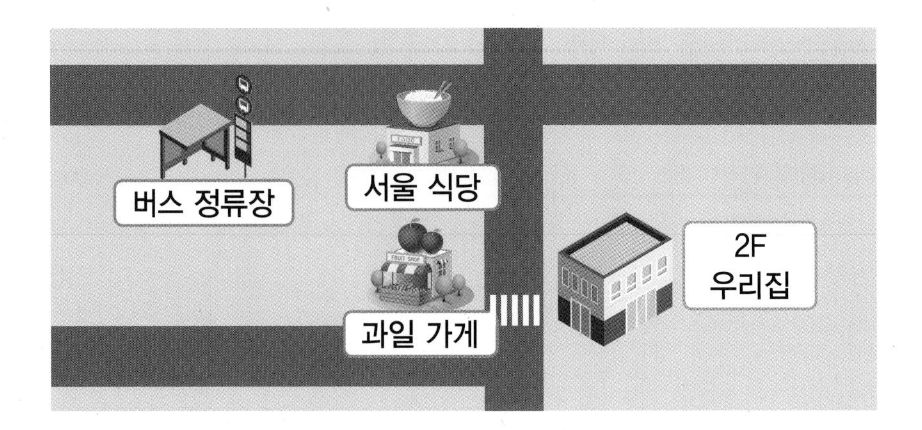

듣기 연습 ❶

Q1. 잘 듣고 질문에 알맞는 대답을 선택하세요. Listen carefully and choose the correct answer to the question.

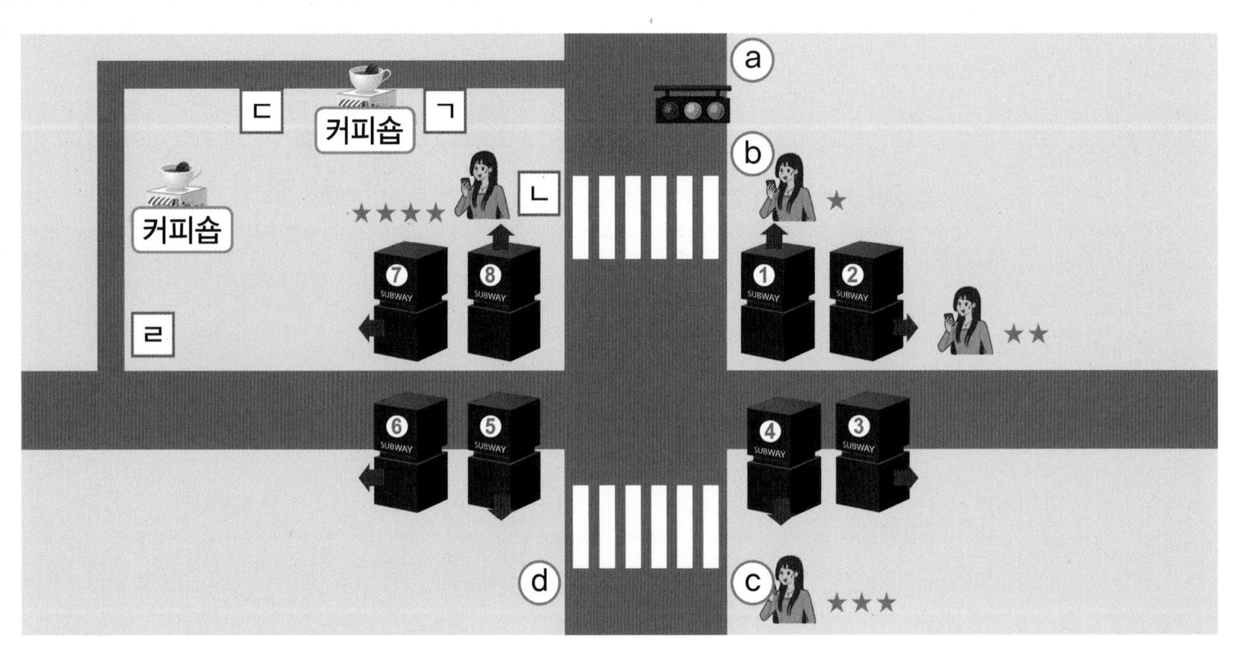

1. 택시는 어디에서 *세워야 합니까?

① ⓐ ② ⓑ ③ ⓒ ④ ⓓ

2. 편의점은 어디에 있습니까?

① (ㄱ) ② (ㄴ) ③ (ㄷ) ④ (ㄹ)

3. 두 사람은 어디에서 만날 것입니까?

① ★ ② ★★ ③ ★★★ ④ ★★★★

* 세우다: To pull over, 약속: Promise

듣기 연습 ❷

MP3 87

Q2. 잘 듣고 맞으면 O, 틀리면 X 표시해 보세요. Listen carefully, and mark O if correct, and X if incorrect.

1. 두 사람은 내일 같이 음식을 만들기로 했어요. O X

2. 여자의 집에서 남자의 집까지 30분*쯤 걸려요. O X

3. 남자의 집 왼쪽에 꽃집이 있어요. O X

4. 남자는 내일 여자를 만나러 정류장에 갈 거예요. O X

* 쯤: Around

듣기 연습 ❸

Q3. 잘 듣고 빈칸을 채워 보세요. Listen carefully and fill in the blanks.

1. 우리 집에 와서 ______________ 먹어 보세요.

2. 횡단보도를 건너서 ______________ 편의점에서 ______________

우리집이 있어요.

3. 정류장에서부터 걸어서 ______________.

4. 제가 ______________?

읽기

New message

보내는 사람: 제임스 <james@korean.com>

받는 사람: 유코 <yuko@korean.com>

제목: 이번 주 토요일에 시간 있어요?

유코 씨, 안녕하세요.
이번 주 토요일에 시간 있으면 같이 점심을 먹을까요?
요즘 날씨가 추우니까 카페에서 만난 다음에 제가 자주 가는 식당에 가요.
카페는 *서울역 근처에 있으니까 지하철 1*호선이나 4호선을 타고 서울역에서 내려서 2번 출구로 나오세요.
*쭉 가다가 사거리에서 횡단보도를 건너서 오른쪽으로 돌면 공원이 나와요.
그 공원을 지나면 편의점 옆에 카페가 있을 거예요.
지하철 4호선을 타면 지하철 *입구까지 좀 많이 걸을 거예요. 그리고 서울역은 *계단이 많으니까 *에스컬레이터를 타거나 *엘리베이터를 타고 1층으로 *올라가세요. 잘 모르면 *지나가는 사람들에게 길을 물어보세요.
카페에서 12시에 만나면 어떨까요? 제가 메일로 지도를 보낼게요.
그럼 *답장 주세요.

* 서울역: Seoul Station, 호선: Line, 쭉: Straight, 입구: Entrance, 계단: Stairs, 에스컬레이터: Escalator, 엘리베이터: Elevator, 올라가다: To go up, 지나가다: To pass by, 답장: Reply

내용 확인

Q1. 글을 읽고 질문에 대답해 보세요. Read the text and answer the questions.

1. 제임스 씨는 유코 씨에게 왜 메일을 보냈습니까?

2. 두 사람은 언제, 어디에서 만나기로 했습니까?

3. 서울역에서 길을 잘 모르면 어떻게 해야 합니까?

Q1. 집에서 학원까지 오는 길을 그리고 설명해 보세요.

Draw and explain the way from home to the school.

10과 농구 선수처럼 키가 커요.

학습 목표

가족 또는 친구를 소개할 수 있다.

어휘	감정 & 기분
문법	N처럼/같이
	V/A-지요?
	A-아/어하다
말하기	우리 아버지는 농구 선수처럼 키가 커요.
듣기	어머니께서 들으면 기뻐하실 거예요.
읽기	할머니도 잘 지내시지요?
쓰기	부모님께 친구를 소개하는 편지를 써 보세요.
문화 & 발음	서울 종로 관광지, 경음화③

어휘 학습

MP3 90

감정 & 기분 Emotion & Feeling

기쁘다
To be delighted

궁금하다
To be curious

괜찮다
To be okay

귀찮다
To be annoyed

그립다
To miss

무섭다
To be scared

부끄럽다
To be ashamed

행복하다
To be happy

슬프다
To be sad

외롭다
To be lonely

힘들다
To be tough

지루하다
To be bored

어휘 연습

Q1. 〈보기〉에서 알맞은 어휘를 골라 문장을 완성하세요.

Complete the sentences by choosing the correct vocabulary from the box.

보기			
기쁘다	궁금하다	괜찮다	귀찮다
그립다	무섭다	부끄럽다	행복하다
슬프다	외롭다	힘들다	지루하다

1. 부모님이 ______________________ 부모님의 사진을 봐요.

2. *공포 영화는 ______________________ 좋아하지 않아요.

* 공포: Horror

3. 교실에서 뛰다가 *넘어졌어요. 친구들이 모두 보고 있어서 정말 ______________________.

* 넘어지다: To fall

4. 영화가 ______________________ 보다가 잤어요.

5. 어제 혼자 파티 준비를 다 했어요. 정말 ______________________.

6. 비빔밥을 먹고 싶었어요. 하지만 요리하는 게 ______________________ 식당에 주문을 했어요.

7. 다음 달에 결혼하기로 해서 정말 ______________________.

8. 한국에는 친구가 많지 않아요. 그래서 ______________________ 때가 많아요.

9. 할아버지는 작년에 돌아가셨어요. *그때 정말 ______________________.

* 그때: At that time

10. 이 음식은 *처음 봐요. 맛이 어때요? ______________________.

* 처음: First time

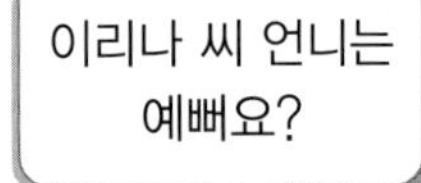

문법 학습

N처럼/같이

의미 Meaning

- 어떤 모양이나 행동이 앞의 명사와 같거나 비슷함을 나타내요.
  '처럼/같이' expresses that some action or thing appears the same or similar to the preceding noun.

형태 Form

받침 O	-처럼/같이	사람: 사람 + -처럼/같이 ➡ 사람처럼/사람같이
받침 X	-처럼/같이	배우: 배우 + -처럼/같이 ➡ 배우처럼/배우같이

예문
1. 타쿠야 씨는 한국 사람**처럼** 한국어를 잘 해요.
2. 준호 씨는 영화 배우**같이** 멋있어요.
3. 집이 운동장**처럼** 넓어요.

'N 같이 A/V'는 'N 같은 N', 'N같아요'로도 사용할 수 있어요.
'N 같이 A/V' can also be used as 'N 같은 N' or 'N같아요'.
- 아버지 같은 남자와 만나고 싶어요.
  경치가 아주 예뻐요. 그림 같아요.

Q. 부러운 사람이 있습니까? 쓰고 이야기해 보세요.
Is there anyone you envy? Write it down and talk about it.

문법 연습

Q1. 그림을 보고 〈보기〉에서 알맞은 어휘를 골라 대화를 완성하세요.

Look at the pictures and complete the conversation by choosing the correct vocabulary from the box.

보기

호랑이 배우 요리사 농구 선수 인형 그림

1. 가: 할아버지 *성격이 어떠세요?

   나: 할아버지는 ________________ 무서우세요.

   * 성격: Personality

2. 가: 바다가 어때요?

   나: ________________ *아름다워요.

   * 아름답다: To be beautiful

3. 가: 제임스 씨가 어때요?

   나: ________________ 멋있어요.

4. 가: 오빠가 키가 커요?

   나: 네, ________________ 키가 커요.

5. 가: 유코 씨의 동생은 어때요?

   나: ________________ 귀여워요.

6. 가: 조나단 씨가 요리를 잘해요?

   나: 네, ________________ 요리를 잘해요.

Q2. 여러분, 여러분의 부모님, 친구는 어떻습니까? 써 보세요.

What about your family and friends? Talk about it as shown in the example.

보기

제 친구 민희 씨는 선생님처럼 잘 가르쳐 줘요.

문법 2

V/A-지요?

MP3 92

의미 Meaning

• 말하는 사람이 알고 있는 사실을 듣는 사람에게 다시 물어서 확인하거나 동의를 구하기 위해 물어볼 때 사용해요.

'-지요?' is used when the speaker wants to confirm with the listener or to obtain the listener's agreement about something already known.

형태 Form

받침 O		-지요?	먹다:	먹 + -지요?	→ 먹지요?
받침 X		-지요?	비싸다:	비싸 + -지요?	→ 비싸지요?
명사	받침 O	-이지요?	선생님:	선생님 + -이지요?	→ 선생님이지요?
	받침 X	-지요?	의사:	의사 + -지요?	→ 의사지요?

예문 1. 날씨가 **춥지요**? 2. 옷이 **비싸지요**? 3. 저 분이 **선생님이지요**?

Tip!

① '-지요?'는 줄여서 '-죠?'로 말할 수 있어요. '-지요?' can be shortened to '-죠?'.
- 춥지요? = 춥죠?

② 과거형은 '-았/었지요?', 미래형은 '-(으)ㄹ 거지요?'로 써요. The past tense form is '-았/었지요?' and the future tense form is '-(으)ㄹ 거지요?'.
- (과거): 어제 운동했지요? • (미래): 내일 운동할 거지요?

③ 의문사와 함께 사용하면 듣는 사람이 안다고 생각되는 것을 부드러운 어조로 물어볼 때 사용할 수 있어요. When used in conjunction with interrogative words, it can be used to ask the listener in a soft tone of voice something you believe they are aware of.
- 이게 뭐지요?

Q. 친구에 대해서 무엇을 알고 있습니까? 〈보기〉와 같이 말해 보세요.

How well do you know your friend? Ask and answer each other questions as shown in the example.

보기

가: 이리나 씨는 동생이 한 명 있지요?

나: 네, 맞아요. 남동생이 있어요. / 아니요, 저는 동생이 없어요.

문법 연습

Q1. 그림을 보고 질문해 보세요. Look at the pictures and ask a question.

1.

가: 피자가 정말 ____________________?

나: 네, 정말 맛있어요.

2.

가: 내일은 유코 씨 생일이에요. 선물을 ____________________?

나: 네, 선물을 샀어요.

3.

가: 유코 씨는 ____________________?

나: 아니요, 유코 씨는 일본 사람이에요.

4.

가: 여름이에요. 요즘 날씨가 정말 ____________________?

나: 네, 정말 더워요.

5.

가: 어제 시험이 너무 ____________________?

나: 네, 너무 어려웠어요.

6.

가: 요즘 회사에 일이 많아요.

나: 정말요? 많이 ____________________?

7.

가 : 저 사람은 유코 씨의 ____________________?

나 : 남자 친구요? 아니에요. 유코 씨의 오빠예요.

문법 학습

A-아/어하다

의미 Meaning

- 다른 사람의 감정이나 기분을 나타낼 때 사용해요.
  '-아/어하다' is used to express the emotions or feelings of others.

형태 Form

ㅏ, ㅗ	–아하다	귀찮다: 귀찮 + –아하다 ➞ 귀찮아하다
ㅏ, ㅗ X	–어하다	재미있다: 재미있 + –어하다 ➞ 재미있어하다
–하다	–해하다	지루하다: 지루 + –해하다 ➞ 지루해하다

예문
1. 동생은 숙제를 **귀찮아해요.**
2. 친구가 이 게임을 **재미있어해요.**
3. 동생이 왜 **슬퍼하고** 있어요?
4. 부모님은 항상 저를 **그리워하세요.**

'–아/어하다'는 자신이 아닌 다른 사람의 기분과 느낌에 써요.
'–아/어하다' refers to the feelings or emotions of someone other than one's own.
- 동생이 즐거워해요. (○)
- 제가 즐거워해요. (X)

Q. 〈보기〉와 같이 친구와 이야기해 보세요. Talk with your friend as shown in the example.

보기
무섭다 저는 공포 영화가 무서워요. 하지만 친구는 강아지를 무서워해요.

질문	나	친구
1. 좋다		
2. 재미있다		
3. 어렵다		
4. 귀찮다		

문법 연습

Q1. 그림을 보고 〈보기〉에서 알맞은 어휘를 골라 대화를 완성하세요.

Look at the pictures and complete the conversation by choosing the correct vocabulary from the box.

보기

그립다	재미있다	궁금하다	예쁘다	기쁘다
피곤하다	춥다	아프다	불편하다	나쁘다

1.

가: 왜 창문을 닫았어요?

나: 사람들이 ____________________ 창문을 닫았어요.

2.

가: 요즘 아버지께서 많이 바쁘세요?

나: 네, 일이 많아서 ____________________

3.

가: 어제 친구가 선물을 받고 좋아했어요?

나: 네, 친구가 정말 ____________________

4.

가: 수진 씨가 병원에 있어요?

나: 네, 약을 먹었지만 아직 많이 ____________________

5.

가: 그 영화 어땠어요?

나: 어제 영화를 보고 친구들이 ____________________
조나단 씨도 꼭 한 보세요.

6.

가: 선생님은 어떤 분이세요?

나: 친절하시고 학생들을 ____________________
그래서 학생들도 선생님을 좋아해요.

말하기

타쿠야: 이분은 누구예요?

이리나: 우리 아버지예요. 키가 크지요?

타쿠야: 네, 농구 선수처럼 키가 커요.

이리나: 네, 맞아요. 그런데 농구는 좋아하지 않으세요.

타쿠야: 아버지는 무슨 일을 하세요?

이리나: 회사원이세요. 요즘 일이 많아서 힘들어하세요.

타쿠야: 이 사람은 이리나 씨 언니예요?

이리나: 네, 저하고 많이 닮았지요?

타쿠야: 네, 많이 닮았어요. 인형처럼 눈이 커서 정말 예뻐요.

이리나: 네, 얼굴도 예쁘고 성격도 착해서 인기가 많아요.

타쿠야: 저한테 언니를 소개해 주세요.

이리나: 언니가 아마 부끄러워할 거예요. 오늘 저녁에 제가 한번 물어볼게요.

내용 확인

Q1. 대화를 듣고 질문에 대답해 보세요. Listen to the dialogue and answer the questions.

1. 이리나 씨의 아버지는 왜 농구 선수 같으세요?

2. 이리나 씨의 아버지는 왜 힘들어하세요?

3. 이리나 씨의 언니는 왜 사람들이 좋아하지요?

4. 타쿠야 씨는 이리나 씨의 가족 중에서 누구를 만나고 싶어 해요?

말하기 연습

Q2. 아래 어휘를 사용하여 친구와 대화 연습을 해 보세요.
Practice having a conversation with your friend using the vocabulary below.

키가 크다 **농구 선수 – 농구** **힘들다** 성격도 착하다	멋있다 **영화 배우 – 영화** **피곤하다** 노래도 잘 부르다	옷이 *잘 어울리다 **모델 – 옷** **쉬고 싶다** 재미있다

* 잘 어울리다: To go well with

Q3. 여러분의 친구나 가족의 사진을 준비하세요. 그리고 친구들에게 그 사람을 소개해 주세요.
Bring a photo of your friend or a family member and introduce that person to your friend.

※ 아래 문법을 모두 사용하세요.
① N처럼/같이
② A–아/어 하다
③ V–(으)ㄴ/는/(으)ㄹ N
④ V/A–(으)ㄹ 때
⑤ V–(으)ㄹ 수 있다/없다

보기

듣기

Q. 여러분의 친구/가족은 언제 행복해합니까? When are your family and friends happy?

듣기 연습 ❶

Q1. 잘 듣고 남자의 기분으로 알맞은 것을 연결해 보세요.
Listen carefully and match it to the correct emotion.

1.  • • a. 행복하다

2.  • • b. 불편하다

3.  • • c. 지루하다

4.  • • d. 궁금하다

* 조용히: Quietly, 모기: Mosquito

듣기 연습 ❷

MP3 96

Q2. 잘 듣고 맞으면 O, 틀리면 X 표시해 보세요. Listen carefully, and mark O if correct, and X if incorrect.

1. 여자의 어머니는 요리를 처음 보내 주셨어요. O X

2. 여자의 어머니는 호텔 레스토랑에서 일하세요. O X

3. 여자의 어머니는 여자와 함께 살지 않아요. O X

4. 여자는 남자의 어머니를 알고 싶어 해요. O X

듣기 연습 ❸

Q3. 잘 듣고 빈칸을 채워 보세요. Listen carefully and fill in the blanks.

1. 우리 어머니는 ______________________________.

2. 호텔 레스토랑에서 ______________________________.

3. 제가 서울에 온 다음에 어머니께서 ______________________________.

4. 그러니까 ______________________________ 자주 전화하세요.

읽기

할머니께

안녕하세요. 저 이리나예요.

저는 한국에서 잘 지내고 있어요. 할머니도 잘 지내시지요? 처음에 한국에 왔을 때 혼자라서 좀 외로웠어요. 그럴 때 가족과 같이 찍은 사진을 보니까 기분이 좋아졌어요. 지금은 친구들을 많이 사귀어서 한국 생활이 아주 즐거워요.

친구들 중에서 제일 친한 친구는 타쿠야 씨예요. 타쿠야 씨는 일본에서 온 학생이에요. 그리고 한국 사람처럼 한국어를 아주 잘해요. 그래서 제가 한국어를 못해서 힘들어할 때 저를 많이 도와줬어요.

타쿠야 씨가 러시아를 궁금해해서 이번 *연말에 타쿠야 씨하고 같이 러시아에 가기로 했어요. 고향에 가면 제 친구들을 소개해 드릴게요. 그때까지 건강하세요!

이리나 올림

* 연말: End of year

내용 확인

Q1. 글을 읽고 질문에 대답해 보세요. Read the text and answer the questions.

1. 이리나 씨가 누구한테 편지를 썼어요?

2. 외로울 때 어떻게 하니까 기분이 좋아졌어요?

3. 타쿠야 씨가 언제 이리나 씨를 도와줬어요?

4. 이리나 씨는 왜 타쿠야 씨와 러시아에 가기로 했어요?

Q1. 부모님께 친구를 소개하는 편지를 써 보세요.
Write a letter to your parents introducing your friend.

Q1. 친구의 이름이 뭐예요?
Q2. 친구의 직업이 뭐예요?
Q3. 친구의 외모하고 성격이 어때요?
Q4. 그 친구를 만나서 무엇을 해요? 그때 기분이 어때요?

예시)
부모님께

안녕하세요. 저 유코예요. 잘 지내시지요?
저는 한국에서 열심히 공부하고 친구들도 많이 사귀었어요.
요즘 한국어를 같이 공부하는 친구는 마이크예요.
마이크는 회사원이에요. 이 친구는 농구 선수처럼 키가 커요.
그리고 활발하고 재미있어서 같이 이야기하거나 게임할 때 즐거워요.
8월에 마이크하고 같이 일본에 놀러 가려고 해요.
그때까지 건강하세요!

유코 올림

서울 종로 관광지

Tourist Attractions in Jongno-gu, Seoul

그린한국어학원 근처에 있는 주요 관광지예요.

These are some of the major tourist attractions near Green Korean Language School.

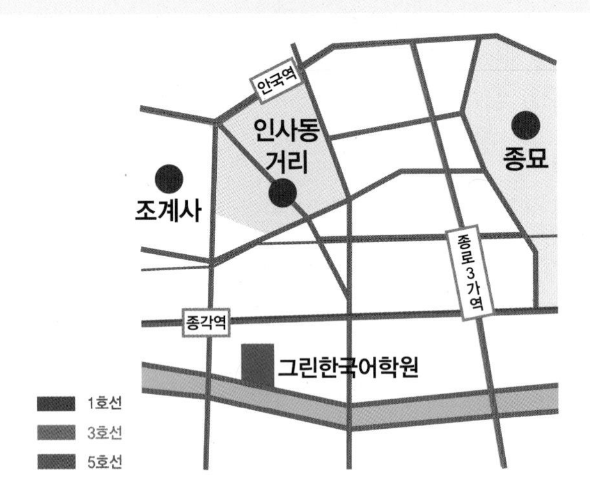

인사동거리

| 주소 | 서울 종로구 인사동길

전통 음식점, 전통 공예품 매장 등이 있는 한국 전통문화의 거리예요.

This street, called the "street of traditional culture", features a vast array of traditional restaurants, traditional crafts stores, and more.

종묘

| 주소 | 서울 종로구 종로 157

역대 조선왕조 왕과 왕비의 신주를 모시고 제사를 지내는 사당이에요.

This shrine is a place of ancestral rites and houses the sacred tablets of Joseon Dynasty kings and queens.

조계사

| 주소 | 서울 종로구 우정국로 55

한국 불교를 대표하는 사찰로 매년 석가탄신일에 연등회가 열려요.

Known as one of the most important temples in Korean Buddhism, the lotus lantern festival is held here every year in celebration of Buddha's birthday.

어디에 가고 싶어요? 학원에서 그곳까지 어떻게 가요?

Where do you want to go? How do you get there from the school?

경음화③

용언의 어간이 자음 'ㄴ, ㅁ'으로 끝나고 뒤에 'ㄷ, ㅈ, ㄱ'이 오면 '[ㄸ, ㅉ, ㄲ]'로 발음해요.

If the verb stem ends with a consonant 'ㄴ, ㅁ' and is followed by 'ㄷ, ㅈ, ㄱ', it is pronounced as [ㄸ, ㅉ, ㄲ], respectively.

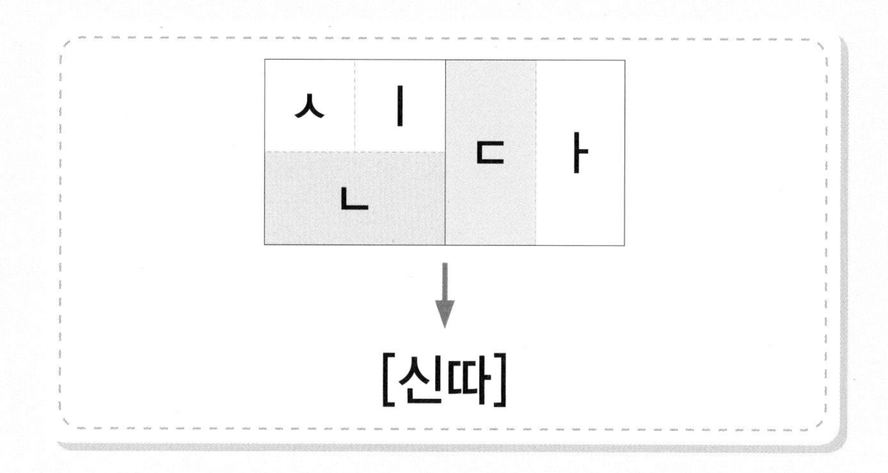

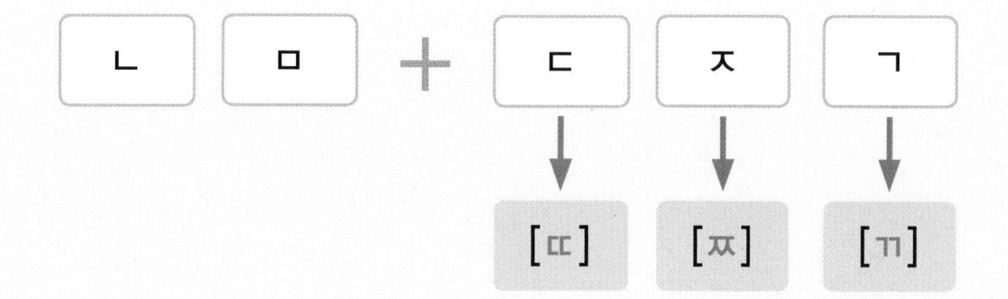

Q1. 밑줄 친 글자의 발음을 잘 들어 보세요.

Listen carefully to the pronunciation of the underlined letter.

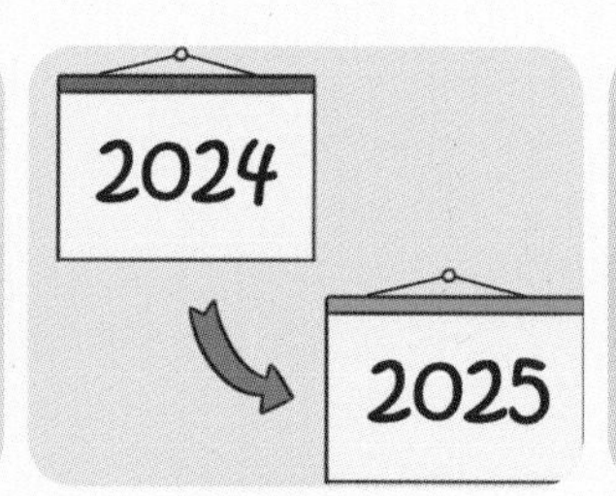

<u>참다</u>	이 **<u>년 동</u>**안	눈을 **<u>감고</u>** 들어요	**<u>신지</u>** 마세요
[참따]	[이년똥안]	[누늘감꼬드러요]	[신찌마세요]

듣기 지문 Listening Script

1과

듣기 연습 ❶ p. 28

Q1. 잘 듣고 맞는 그림에 O 표시해 보세요.

1. 남자: 미나 씨, 한국 신문을 읽을 수 있어요?
 여자: 저는 한국어를 배워서 한국 신문을 읽을 수 있어요.
2. 남자: 우리 내일 뭐 할까요? 낚시 어때요?
 여자: 저는 낚시를 못 해요.
 남자: 괜찮아요. 제가 가르쳐 줄 수 있어요.
3. 남자: 미나 씨, 요즘 뭐 해요?
 여자: 피아노 학원에서 피아노를 배우고 있어요.
 남자: 우와! 피아노도 칠 수 있어요?
 여자: 아니요. 지난주에 처음 피아노를 배웠어요. 그래서 잘 못 쳐요.

듣기 연습 ❷ p. 29

Q2. 잘 듣고 맞으면 O, 틀리면 X 표시해 보세요.

남자: 여보세요. 유코 씨. 저 제임스예요.
여자: 아, 제임스 씨, 안녕하세요? 무슨 일이에요?
남자: 제가 영화표가 두 장 있어요. 오늘 같이 영화 보러 갈 수 있어요?
여자: 미안해요. 내일 한국어 시험이 있어서 오늘은 시험공부 해야 돼요.
남자: 아, 그래요? 그럼, 토요일에는 갈 수 있어요?
여자: 토요일에도 다른 친구하고 약속이 있어서 못 가요.
남자: 그러면 언제 시간이 있어요? 다음 주?
여자: 요즘 회사 일이 많아서 시간이 없어요. 미안하지만 다른 친구하고 보러 가세요.

듣기 연습 ❸ p. 29

Q3. 잘 듣고 빈칸을 채워 보세요.

1. 영화 보러 갈 수 있어요
2. 한국어 시험이 있어서 오늘은 시험공부 해야 돼요
3. 다른 친구하고 약속이 있어서 못 가요
4. 요즘 회사 일이 많아서 시간이 없어요

2과

듣기 연습 ❶ p. 44

Q1. 잘 듣고 일의 순서대로 써 보세요.

1. 남자: 일하고 있어요?
 여자: 아니요. 좀 쉬고 있었어요. 이제 식당에 가서 점심을 먹고 계속하려고 해요.
 남자: 제가 김밥을 좀 만들었어요. 같이 먹어요.
 여자: 고마워요.
2. 여자: 곧 영화 시작해요. 빨리 가요.
 남자: 잠깐만요. 영화 보기 전에 콜라 한 잔 사고 싶어요.
3. 남자: 산책하러 갈까요?
 여자: 제 숙제가 다 끝나면 가요.
 남자: 알겠어요.

듣기 연습 ❷ p. 45

Q2. 잘 듣고 맞으면 O, 틀리면 X 표시해 보세요.

남자: 다음 주에 우리 부모님이 한국에 오실 거예요.
여자: 아, 그래요? 부모님이 오시면 뭐 할 거예요?
남자: 명동에 가서 쇼핑하고 경복궁에 가서 구경도 하려고 해요. 부모님께서 오시기 전에 식당도 알아봐야 해요. 혹시 맛있는 식당을 알고 있어요?
여자: 음.... 부모님이 매운 음식을 잘 드시면 경복궁 근처에 맛있는 김치찌개 식당이 있어요.
남자: 너무 맵지 않으면 괜찮아요.
여자: 그 식당은 항상 사람이 많아요. 그러니까 가기 전에 전화해서 예약하세요.

듣기 연습 ❸ p. 45

Q3. 잘 듣고 빈칸을 채워 보세요.

1. 부모님이 오시면 뭐 할 거예요
2. 경복궁에 가서 구경도 하려고 해요
3. 부모님이 매운 음식을 잘 드시면 경복궁 근처에 맛있는 김치찌개 식당이 있어요.
4. 가기 전에 전화해서 예약하세요

3과

듣기 연습 ❶ p. 62

Q1. 잘 듣고 일이 일어난 순서대로 써 보세요.

1. 남자: 어제 뭐 했어요?
   여자: 친구를 만난 다음에 같이 쇼핑했어요.
2. 남자: 언제 여행을 가기로 했어요?
   여자: 오늘 오후에 회의가 있어요. 그래서 내일 출발하기로 했어요.
3. 남자: 돈은 왜 찾았어요?
   여자: 식당에서 저녁을 먹으려고 돈을 찾았어요.

듣기 연습 ❷ p. 63

Q2. 잘 듣고 맞으면 O, 틀리면 X 표시해 보세요.

남자: 벌써 휴가가 끝났어요. 이리나 씨는 휴가를 잘 보냈어요?
여자: 네, 저는 이틀 동안 부산에서 여행했어요. 정말 즐거웠어요.
남자: 또 뭐 했어요?
여자: 여행이 끝난 다음에는 도서관에 가서 영어 공부도 했어요.
남자: 영어 공부요?
여자: 네. 다음 달에 영어 시험을 보려고 영어를 공부하고 있어요. 빈슨 씨는 뭐 했어요?
남자: 저는 이번 휴가에 집에만 있어서 좀 심심했어요. 그래서 다음 휴가에는 계획을 세워서 해외여행을 가기로 했어요.

듣기 연습 ❸ p. 63

Q3. 잘 듣고 빈칸을 채워 보세요.

1. 저는 이틀 동안 부산에서 여행했어요. 정말 즐거웠어요.
2. 여행이 끝난 다음에는 도서관에 가서 영어 공부도 했어요.
3. 다음 달에 영어 시험을 보려고 영어를 공부하고 있어요.
4. 다음 휴가에는 계획을 세워서 해외여행을 가기로 했어요.

4과

듣기 연습 ❶ p. 78

Q1. 잘 듣고 맞는 것을 고르세요.

1. 여자: 민수 씨, 저에게 미술관 입장권이 두 장 있어요. 다음 주 토요일에 미술관에 같이 갈까요? 제가 보여줄게요.
   남자: 좋아요. 그럼, 매표소 앞에서 만나요.
2. 여자: 저는 이 화가의 그림을 정말 좋아해요.
   남자: 그래요? 저는 오늘 처음 봤어요.
   여자: 궁금한 그림이 있으면 저에게 물어봐도 돼요.

듣기 연습 ❷ p. 79

Q2. 잘 듣고 맞으면 O, 틀리면 X 표시해 보세요.

여자: 오늘 미술관 구경 어땠어요?
남자: 사진은 못 찍었지만 여러 그림을 전시하고 있어서 좋았어요. 그런데 미술관에서 빵을 먹어도 돼요?
여자: 물은 마셔도 돼요. 하지만 다른 음식은 먹으면 안 돼요. 왜요?
남자: 오늘 미술관에서 빵을 먹고 있는 사람을 봤어요.
여자: 정말요? 다음에 보면 이렇게 말해 주세요. "여기에서 음식을 먹으면 안 돼요."
남자: 알겠어요. 이리나 씨, 우리 다음에 또 그림 전시를 보러 가요. 다음에는 제가 입장권을 살게요.

듣기 연습 ❸ p. 79

Q3. 잘 듣고 빈칸을 채워 보세요.

1. 미술관에서 빵을 먹어도 돼요
2. 물은 마셔도 돼요
3. 여기에서 음식을 먹으면 안 돼요
4. 다음에는 제가 입장권을 살게요

5과

듣기 연습 ❶ p. 100

Q1. 질문을 듣고 맞는 사람을 고르세요.

1. 여자: 저기에 빨간색 치마를 입고 있는 사람이 박수진 씨예요?
   남자: 네, 맞아요. 그리고 하얀색 안경을 쓰고 있어요.

질문: 박수진 씨는 누구입니까?

2. 여자: 수호 씨를 찾고 있어요.
   남자: 아, 수호 씨는 저기 책상 옆에 있어요.
   여자: 검은색 바지를 입고 있는 사람이요?
   남자: 아니요. 그 옆에 보라색 티셔츠를 입고 있는 사람이요.
   질문: 수호 씨는 누구입니까?
3. 안녕하세요? 여기는 제 친구들입니다. 수지는 주황색 가방을 들고 흰색 운동화를 신고 있습니다. 미나는 분홍색 스웨터를 입고 검은색 안경을 쓰고 있고 안나는 갈색 바지를 입고 있습니다.
   질문: 미나 씨는 누구입니까?

듣기 연습 ❷ p. 101

Q2. 잘 듣고 맞으면 O, 틀리면 X 표시해 보세요.

남자: 지금 뭘 보고 있어요? 저도 좀 보여 주세요.
여자: 아, 우리 가족 사진이에요. 제주도를 여행할 때 찍었어요.
남자: 여기 흰 바지에 노란 티셔츠를 입고 있는 여자분은 누구세요? 언니예요?
여자: 어머, 아니에요. 우리 엄마예요. 언니는 옆에 파란 원피스를 입고 있는 사람이에요.
남자: 그렇군요. 어머니가 정말 예쁘시네요.
여자: 고마워요. 그리고 이분이 우리 아버지세요. 검은 모자를 쓰고 계세요.
남자: 아, 이리나 씨가 아버지를 닮았어요.
여자: 그런 이야기를 다른 사람들에게도 많이 들었어요.

듣기 연습 ❸ p. 101

Q3. 잘 듣고 빈칸을 채워 보세요.

1. 제주도를 여행할 때 찍었어요.
2. 흰 바지에 노란 티셔츠를 입고 있는 여자분은 누구세요
3. 언니는 옆에 파란 원피스를 입고 있는 사람이에요
4. 검은 모자를 쓰고 계세요

6과

듣기 연습 ❶ p. 118

Q1. 잘 듣고 질문에 맞는 대답을 고르세요.

1. 여자: 어제 여기에서 신발을 샀어요. 그런데 교환을 하고 싶어요.
   남자: 네, 무슨 문제가 있으십니까?
   여자: 아니요. 구두는 예쁘지만, 색깔이 너무 어두워서요. 다른 색깔로 바꿔 주시겠어요?
   질문: 여자는 어떤 신발로 바꾸고 싶어 합니까?
2. 여자: 이것 보세요. 이 스웨터 예쁘지 않아요?
   남자: 예뻐요. 그런데 미나 씨한테는 너무 커요.
   여자: 요즘은 이렇게 크거나 긴 스타일이 인기가 많아요.
   질문: 여자는 왜 이 스웨터를 사고 싶어 합니까?
3. 여자: 생일 선물로 옷이나 신발 사 줄게요.
   남자: 정말요? 고마워요.
   여자: 검은색 구두는 어때요?
   남자: 구두도 좋아하지만 별로 안 신어요. 저는 편한 운동화가 좋아요.
   질문: 남자는 왜 구두를 사지 않으려고 합니까?

듣기 연습 ❷ p. 119

Q2. 잘 듣고 맞으면 O, 틀리면 X 표시해 보세요.

여자: 어서 오세요. 무엇을 도와드릴까요?
남자: 이 바지를 작은 사이즈로 바꿔 주시거나 환불해 주세요.
여자: 알겠습니다. 고객님. 바지 좀 보여 주시겠습니까?
남자: 여기요. 영수증도 여기 있어요. 교환 기간도 안 지났어요.
여자: 죄송하지만, 이 바지는 할인 상품이라서 교환이나 환불이 가능하지 않습니다.
남자: 네? 환불이 안 돼요? 사이즈가 커서 못 입는데 어떡해요?
여자: 다른 옷으로 바꿔 드릴 수는 없습니다. 하지만 바지를 고쳐 드릴 수는 있어요. 고쳐 드릴까요?
남자: 그렇게 해 주세요.
여자: 네. 그럼 다음 주까지 고쳐 드리겠습니다.

듣기 연습 ❸ p. 119

Q3. 잘 듣고 빈칸을 채워 보세요.

1. 이 바지를 작은 사이즈로 바꿔 주시거나 환불해 주세요
2. 바지 좀 보여 주시겠습니까
3. 이 바지는 할인 상품이라서 교환이나 환불이 가능하지 않습니다
4. 네, 그럼 다음 주까지 고쳐 드리겠습니다

7과

듣기 연습 ❶ p. 136

Q1. 잘 듣고 어울리는 그림을 고르세요.

1. 남자: 우리 나가서 산책 좀 할까요?
 여자: 아, 싫어요. 추워요.
 남자: 하지만 많이 따뜻해졌어요. 산의 눈도 다 없어졌어요.
 여자: 몰라요. 저는 추워요.
2. 남자: 내일도 더울 것 같아요?
 여자: 여름이니까 그럴 것 같아요. 왜요?
 남자: 아, 친구 생일 선물을 사러 가려고요. 더울 때는 나가고 싶지 않아서요.
 여자: 음.... 백화점 안은 시원하니까 괜찮을 것 같아요. 내일 가 보세요.
3. 남자: 왜 이렇게 비가 많이 와요?
 여자: 어머, 우산이 없었어요?
 남자: 있어요. 하지만 친구가 우산이 없어서 같이 써야 했어요. 그리고 비도 너무 많이 와서....
 여자: 이 수건으로 옷을 닦으세요.

듣기 연습 ❷ p. 137

Q2. 잘 듣고 맞으면 O, 틀리면 X 표시해 보세요.

남자: 와, 이제 12월이에요.
여자: 네. 시간이 정말 빨라요. 제가 한국에 오고 벌써 6개월이 지났어요.
남자: 그동안의 한국 생활은 어땠어요?
여자: 처음에는 음식도 입에 안 맞고 말도 달라서 한국 생활이 어려웠지만 지금은 익숙해졌어요. 이제 매운 음식도 잘 먹어요. 그리고 혼자 사니까 더 부지런해졌어요.
남자: 그럼, 이번이 한국에서의 첫 번째 겨울이에요?
여자: 네, 맞아요. 우리 고향은 날씨가 따뜻해서 눈이 오지 않아요. 그래서 빨리 눈을 보고 싶어요. 정말 예쁠 것 같아요.
남자: 그렇지만 겨울에 추워서 티엔 씨가 힘들 것 같아요.
여자: 저는 괜찮으니까 걱정하지 마세요.

듣기 연습 ❸ p. 137

Q3. 잘 듣고 빈칸을 채워 보세요.

1. 처음에는 음식도 입에 안 맞고 말도 달라서 한국 생활이 어려웠지만, 지금은 익숙해졌어요
2. 혼자 사니까 더 부지런해졌어요
3. 정말 예쁠 것 같아요
4. 겨울에 추워서 티엔 씨가 힘들 것 같아요

8과

듣기 연습 ❶ p. 154

Q1. 무엇을 설명하고 있습니까? 골라 보세요.

1. 더운 여름, 이것만 있으면 바다에 갈 필요가 없습니다. 여름에는 항상 시원한 바람이 나오는 이것과 함께하세요!
2. 옷이 더러워졌어요? 여기에 넣으면 깨끗해질 거예요.
3. 가방에 넣을 수 있는 컴퓨터예요. 학교에서나 카페에서 공부도 할 수 있고 영화도 볼 수 있어요.

듣기 연습 ❷ p. 155

Q2. 잘 듣고 맞으면 O, 틀리면 X 표시해 보세요.

남자: 어서 오십시오. 찾으시는 제품이 있으십니까?
여자: 네, 3년 전에 산 청소기가 고장이 났어요. 그래서 새로 사려고 왔어요.
남자: 그러세요? 이게 요즘 가장 많이 찾는 모델입니다. 조용하고 가벼워서 좋아하시는 분들이 많아요.
여자: 제가 쓰는 청소기보다 작아서 좋아요.
남자: 저도 이 청소기를 쓰고 있어요. 그런데 써 보니까 집이 정말 깨끗해져요. 한번 사용해 보세요.
여자: 배달도 가능해요?
남자: 그럼요. 받으실 곳을 말씀해 주시면 보내 드리겠습니다.

듣기 연습 ❸ p. 155

Q3. 잘 듣고 빈칸을 채워 보세요.

1. 3년 전에 산 청소기가 고장이 났어요
2. 이게 요즘 가장 많이 찾는 모델입니다
3. 써 보니까 집이 정말 깨끗해져요
4. 받으실 곳을 말씀해 주시면 보내 드리겠습니다

9과

듣기 연습 ❶ p. 172

Q1. 잘 듣고 질문에 알맞는 대답을 선택하세요.

1. 남자: 손님, 어디에서 내리실 거예요?
   여자: 지하철역 1번 출구에서 똑바로 가다가 횡단보도가 나오면 세워 주세요.
   남자: 횡단보도 앞에서요.
   여자: 횡단보도와 신호등 사이에서 세워 주세요.
2. 남자: 이 근처에 편의점이 있나요?
   여자: 네. 8번 출구로 나가서 똑바로 가면 작은 길이 나와요. 거기서 왼쪽으로 돌면 있어요. 커피숍에 가기 전에 있어요.
3. 여자: 저 2번 출구 앞에 있는데 왜 안 와요?
   남자: 약속 장소는 거기가 아니에요. 2번 출구에서 나와서 뒤로 돌면 횡단보도가 있어요. 횡단보도를 건너세요. 거기 제가 있을 거예요.

듣기 연습 ❷ p. 173

Q2. 잘 듣고 맞으면 O, 틀리면 X 표시해 보세요.

남자: 이리나 씨, 내일 우리 집에 놀러 오세요. 우리 집에 와서 제가 만든 요리를 먹어 보세요.
여자: 와, 좋아요. 빈슨 씨 집에 가는 방법을 알려주세요.
남자: 이리나 씨 집 앞에서 205번이나 308번 버스를 타세요. 그리고 그린 초등학교 정류장 앞에서 내리세요. 정류장까지 20분쯤 걸릴 거예요.
여자: 네, 그다음에는요?
남자: 버스 정류장 앞에 횡단보도가 있어요. 횡단보도를 건너서 똑바로 오다가 편의점에서 오른쪽으로 돌면 우리 집이 있어요. 꽃집 오른쪽에 있어요.
여자: 얼마나 걸려요?
남자: 버스정류장에서부터 걸어서 10분 정도 걸릴 거예요. 제가 버스정류장에서 기다릴까요?
여자: 아니에요. 제가 찾아서 가 볼게요.

듣기 연습 ❸ p. 173

Q3. 잘 듣고 빈칸을 채워 보세요.

1. 우리 집에 와서 제가 만든 요리를 먹어 보세요
2. 횡단보도를 건너서 똑바로 오다가 편의점에서 오른쪽으로 돌면 우리 집이 있어요
3. 정류장에서부터 걸어서 10분 정도 걸릴 거예요
4. 제가 버스정류장에서 기다릴까요

10과

듣기 연습 ❶ p. 188

Q1. 잘 듣고 남자의 기분으로 알맞은 것을 연결해 보세요.

1. 여자: 옷을 왜 이렇게 많이 샀어요?
   남자: 어때요? 멋있지요? 다음 주에 제주도에 여행을 가기로 했어요.
   여자: 아, 정말요? 저도 바다를 보고 제주도 음식을 먹고 싶어요.
2. 남자: 남자 친구하고 왜 헤어졌어요?
   여자: 말하고 싶지 않아요.
   남자: 뭐 어때요? 그렇게 인형처럼 조용히 있지 말고 말해 보세요. 네?
3. 남자: (소곤) 우리 나갈까요?
   여자: (소곤대면서) 어? 영화가 아직 안 끝났어요.
   남자: (소곤) 저는 더 보고 싶지 않아요.
4. 여자: (큰 소리로) 와, 이 그림 보세요. 정말 예쁘지요?
   남자: 네. 그런데 미술관에서 그렇게 큰 소리로 말하면 다른 사람들이 불편해해요.
   여자: (아주 작은 소리로) 알았어요. 이제 모깃 소리 같이 작은 소리로 말할게요.

듣기 연습 ❷ p. 189

Q2. 잘 듣고 맞으면 O, 틀리면 X 표시해 보세요.

남자: 와, 또 어머니께서 직접 만든 음식들을 보내 주셨어요?
여자: 한번 먹어 보세요. 우리 어머니는 요리사처럼 요리를 잘하세요. 어때요? 맛있지요?
남자: 네. 호텔 레스토랑에서 먹는 요리같이 맛있어요.
여자: 하하. 어머니께서 들으면 기뻐하실 거예요. 제가 서울에 온 다음에 어머니께서 많이 외로워하세요.
남자: 그럴 거예요. 그러니까 귀찮아하지 말고 자주 전화하세요.
여자: 네. 그럴게요. 그런데 제임스 씨의 어머니는 어떤 분이세요? 궁금해요.

듣기 연습 ❸ p. 189

Q3. 잘 듣고 빈칸을 채워 보세요.

1. 우리 어머니는 요리사처럼 요리를 잘하세요
2. 호텔 레스토랑에서 먹는 요리같이 맛있어요
3. 제가 서울에 온 다음에 어머니께서 많이 외로워하세요
4. 그러니까 귀찮아하지 말고 자주 전화하세요

정답 Answers

1과

어휘 p. 19

Q1. 그림과 어휘를 연결해 보세요.

1. a. 축구
2. d. 테니스
3. f. 스키
4. b. 달리기
5. e. 농구
6. c. 탁구

Q2. 〈보기〉에서 알맞은 어휘를 골라 문장을 완성하세요.

1. 탈 거예요
2. 운동화
3. 할까요
4. 수영장
5. 쳐요

문법 1 p. 21

Q1. 그림을 보고 〈보기〉와 같이 쓰세요.

1. 먹을 수 있어요
2. 수영할 수 있어요
3. 걸을 수 있어요
4. 만들 수 없어요
5. 할 수 없었어요
6. 살 수 없어요
7. 한국어를 할 수 있어요

문법 2 p. 23

Q1. 그림을 보고 대화를 완성해 보세요.

1. 못 만들어요 / 만들지 못해요
2. 못 걸어요 / 걷지 못해요
3. 못 해요 / 하지 못해요
4. 못 먹어요 / 먹지 못해요
5. 못 했어요 / 하지 못했어요

Q2. 정답에 동그라미 표시해 보세요.

1. 못
2. 안
3. 안
4. 못
5. 못

문법 3 p. 25

Q1. 그림을 보고 대화를 완성해 보세요.

1. 재미있어서 수영을 좋아해요.
2. 매워서 못 먹어요.
3. 바빠서 못 만났어요.
4. 내일 시험이 있어서 공부해요.
5. 한국어를 배워서 할 수 있어요.
6. 도서관이라서 전화 못 해요.
7. 배가 아파서 병원에 갔어요.

말하기 p. 26

Q1. 대화를 듣고 질문에 대답해 보세요.

1. 제임스 씨는 테니스를 치고 수영할 수 있어요.
2. 유코 씨는 오늘 오후에 수영장에 갈 거예요.
3. 제임스 씨가 테니스를 칠 수 있어요.
4. 유코 씨가 내일 약속이 있어서 못 만나요.

듣기 pp. 28–29

Q1. 잘 듣고 맞는 그림에 O 표시해 보세요.

1. 가
2. 가
3. 나

Q2. 잘 듣고 맞으면 O, 틀리면 X 표시해 보세요.

1. O
2. X
3. O
4. X

Q3. 잘 듣고 빈칸을 채워 보세요.

1. 갈 수 있어요
2. 한국어 시험이 있어서
3. 약속이 있어서 못 가요

4. 회사 일이 많아서

읽기

p. 30

Q1. 글을 읽고 질문에 대답해 보세요.

1. 축구를 할 수 있습니다.
2. 고등학교 때 축구선수였습니다. 그래서 축구를 잘합니다.
3. 이 사람은 축구를 잘 못합니다.
4. 다른 팀이 이겼습니다.

2과

어휘

p. 35

Q1. 다음을 보고 빈칸에 알맞은 단어를 써 보세요.

1. 메뉴
2. 서비스 / 종업원
3. 분위기

Q2. 〈보기〉에서 알맞은 어휘를 골라 빈칸을 채워 보세요.

1. 주문했어요
2. 계산해 주세요
3. 나왔습니다
4. 골랐어요
5. 숟가락/젓가락

문법 1

p. 37

Q1. 그림을 보고 대화를 완성해 보세요.

1. 친구를 만나서 게임할 거예요
2. 아니요. 집에서 불고기를 만들어서 먹었어요
3. 일어나서 텔레비전을 봤어요
4. 도서관에서 빌려서 읽었어요
5. 옷을 사서 줄 거예요

Q2. 정답에 동그라미 표시해 보세요.

1. 하고
2. 시켜서
3. 그려서
4. 사고
5. 와서

문법 2

p. 39

Q1. 그림을 보고 문장을 완성해 보세요. (6번~7번 문제는 자유롭게 대답해 보세요.)

1. 고기가 있으면
2. 비싸면
3. 음악을 들으면
4. 더우면
5. 걸으면
6. 피곤하면 좀 쉬세요/주무세요
7. 한국어가 어려우면 한국어 책을 보세요/선생님에게 물어보세요/학원에서 배우세요

문법 3

p. 41

Q1. 그림을 보고 대화를 완성해 보세요.

1. 영화를 보기 전에 표를 예매하세요
2. 서울에 살기 전에 부산에 살았어요
3. 1시간 전에 일어났어요
4. 어제 자기 전에 이메일을 봤어요
5. 파티하기 전에 음식을 만들어야 돼서 시간이 없어요
6. 수업이 시작하기 전까지 와야 돼요
7. (예시) 자기 전에/샤워하기 전에 저녁 식사해요

말하기

pp. 42–43

Q1. 대화를 듣고 질문에 대답해 보세요.

1. 유명한 식당에서 식사했어요.
2. 식당에 전화해서 예약했어요.
3. SNS에 음식 사진을 올려야 돼요.
4. 주문하기 전에 종업원에게 이야기해야 돼요.

Q3. 손님이 식당을 예약하고 있습니다. 그림을 보고 빈칸을 채우세요.

1. 종각역에 내려서 5분 정도 걸어서
2. 식당에 와서
3. 3일 전에

듣기

pp. 44–45

Q1. 잘 듣고 일의 순서대로 써 보세요.

1. 마 → 라
2. 다 → 바
3. 나 → 가

Q2. 잘 듣고 맞으면 O, 틀리면 X 표시해 보세요.

1. X
2. O
3. X
4. O

Q3. 잘 듣고 빈칸을 채워 보세요.

1. 부모님이 오시면
2. 경복궁에 가서
3. 매운 음식을 잘 드시면
4. 가기 전에 전화해서

읽기 p. 46

Q1. 글을 읽고 질문에 대답해 보세요.

1. 식당을 예약하려고 전화했어요.
2. 2명이 갈 거예요.
3. 해산물을 못 먹어요.
4. 종업원의 전화 서비스가 친절해서 기분이 좋았어요.

3과

어휘 p. 53

Q1. 〈보기〉에서 알맞은 어휘를 골라 빈칸을 채워 보세요.

1. 시작해요
2. 낮잠
3. 공휴일
4. 심심해요
5. 끝났어요

Q2. 〈보기〉에서 알맞은 어휘를 골라 대화를 완성하세요.

1. 계획을 세우고 있어요
2. 해외여행
3. 즐거운

문법 1 p. 55

Q1. 그림을 보고 대화를 완성해 보세요.

1. 내일 오후에 친구하고 밥을 먹기로 했어요
2. 친구하고 불고기를 만들기로 했어요
3. 내일부터 운동하기로 했어요
4. 친구하고 공원에서 배드민턴을 치기로 했어요

Q2. 다음 대화를 완성해 보세요.

1. 놀기로 했어요
2. 어디에 가기로 했어요
3. 뭐 하기로 했어요
4. 먹기로 했어요

문법 2 p. 57

Q1. 그림을 보고 질문에 대답해 보세요.

1. 주말에 읽으려고 책을 빌렸어요
2. 샌드위치를 만들려고 빵을 샀어요
3. 노래를 들으려고 앨범을 샀어요
4. 부산에 가려고 기차표를 예매했어요
5. 그림을 보려고 미술관에 가고 있어요

Q2. 맞으면 O, 틀리면 X 하세요.

1. O
2. X
3. X
4. O
5. X

문법 3 p. 59

Q1. 그림을 보고 대화를 완성해 보세요.

1. 영화를 본 다음에 쇼핑할 거예요
2. 친구하고 논 다음에 숙제할 거예요
3. 수업이 끝난 다음에 점심을 먹어요
4. 운동한 다음에 샤워해요
5. 책을 읽은 다음에 자요
6. 밥을 먹은 다음에 회사에 갈 거예요
7. (예시) 숙제를 한 다음에 저녁을 먹을 거예요

말하기 p. 60

Q1. 대화를 듣고 질문에 대답해 보세요.

1. 내일 부산에 가기로 했어요.
2. 바다를 볼 거예요.
3. 그냥 집에 있기로 했어요.
4. 휴일 계획에 대해 이야기하고 있어요.

듣기

pp. 62–63

Q1. 잘 듣고 일의 순서대로 써 보세요.

1. 다 → 마
2. 나 → 라
3. 가 → 바

Q2. 잘 듣고 맞으면 O, 틀리면 X 표시해 보세요.

1. O
2. X
3. O
4. X

Q3. 잘 듣고 빈칸을 채워 보세요.

1. 즐거웠어요
2. 여행이 끝난 다음에는
3. 영어 시험을 보려고
4. 계획을 세워서

읽기

p. 64

Q1. 글을 읽고 질문에 대답해 보세요.

1. 단풍 구경을 하려고 산에 갑니다.
2. 여러 가지를 물어보려고 전화했습니다.
3. 빈슨 씨가 케이블카를 추천해 줘서 타기로 했습니다.
4. 막걸리와 파전을 먹습니다.

4과

어휘

p. 69

Q1. 다음을 보고 알맞은 단어를 써 보세요.

〈가로〉	〈세로〉
1. 입장료	2. 입장권
3. 화가	4. 가수
5. 수박	6. 박물관
7. 관람하다	9. 전시
8. 자전거	11. 청소
10. 매표소	12. 안내
12. 안경	

문법 1

p. 71

Q1. 그림을 보고 대화를 완성해 보세요.

1. 술을 마셔도 돼요
2. 운동해도 돼요
3. 이 빵 먹어도 돼요
4. 불을 꺼도 돼요
5. 카드로 계산해도 돼요/카드를 내도 돼요
6. 다 안 먹어도/먹지 않아도 돼요
7. (예시) 네, 커피를 마셔도 돼요/ 아니요, 커피를 마실 수 없어요

문법 2

p. 73

Q1. 그림을 보고 대화를 완성해 보세요.

1. 아니요, 찍으면 안 돼요
2. 아니요, 운전하면 안 돼요
3. 아니요, 누우면 안 돼요
4. 아니요, 놀면 안 돼요
5. 아니요, 걸으면 안 돼요
6. 일찍 가도 돼요
7. (예시) 담배를 피우면 안 돼요/늦게 집에 오면 안 돼요/ 술을 마시면 안 돼요

문법 3

p. 75

Q1. 그림을 보고 대화를 완성해 보세요.

1. 제가 먹을게요
2. 떠들지 않을게요/조용히 할게요
3. 물어볼게요
4. 창문을 열어 줄게요/열게요
5. 이따가 전화할게요

Q2. 정답에 동그라미 표시해 보세요.

1. 갈 거예요
2. 숙제할게요
3. 마실게요

말하기

p. 76

Q1. 대화를 듣고 질문에 대답해 보세요.

1. 미술관에 있어요.
2. 미술관에서 그림을 찍으면 안 돼요. 그리고 소리를 지르면 안 돼요.

3. 매표소 옆에서 사진을 찍으려고 해요.
4. 빈손 씨의 사진을 찍어 줄 거예요.

듣기

pp. 78–79

Q1. 잘 듣고 맞는 것을 고르세요.

1. ②
2. ③

Q2. 잘 듣고 맞으면 O, 틀리면 X 표시해 보세요.

1. O
2. X
3. X
4. O

Q3. 잘 듣고 빈칸을 채워 보세요.

1. 먹어도 돼요
2. 마셔도 돼요
3. 음식을 먹으면 안 돼요
4. 입장권을 살게요

읽기

p. 80

Q1. 글을 읽고 질문에 대답해 보세요.

1. 오후 다섯 시까지 가야 돼요.
2. 인터넷으로 예약할 수 있어요.
3. 무료예요.
4. 미술관 안에서 음료수를 마시면 안 돼요.

5과

어휘 1

p. 87

Q1. 그림에 알맞은 어휘를 쓰고 어울리는 어휘를 연결해 보세요.

1. 입다
2. 차다
3. 끼다
4. 입다
5. 매다
6. 쓰다
7. 메다
8. 하다
9. 쓰다
10. 신다

어휘 2

p. 89

Q1. 다음 그림을 보고 〈보기〉에서 알맞은 색깔을 골라 써 보세요.

1. 노란색	2. 파란색	3. 분홍색
4. 검은색	5. 갈색	6. 하늘색
7. 빨간색	8. 회색	9. 흰색
10. 초록색	11. 주황색	12. 보라색

문법 1

p. 91

Q1. 아래 사람이 무엇을 입고 있어요? 그림을 보고 설명해 보세요.

1. 반지를 끼고 있는
2. 빨간색 안경을 쓰고 있는
3. 하얀색 티셔츠를 입고 있는
4. 초록색 바지를 입고 있는
5. 하늘색 넥타이를 매고 있는
6. 보라색 운동화를 신고 있는
7. 주황색 시계를 차고 있는

문법 2

p. 93

Q1. 그림을 보고 빈칸을 채워 보세요.

1. 회사에 갈 때 양복을 입어요
2. 케이크를 만들 때 (밀가루를) 사용해요
3. 노래를 들을 때 기분이 좋아요
4. 휴가 때 바다에 가려고 해요
5. 크리스마스 때

Q2. 이것은 언제 사용합니까? 〈보기〉와 같이 이야기해 보세요.

볼펜	이것은 볼펜이에요. 글을 쓸 때 사용해요.
우산	이것은 우산이에요. 비가 올 때 써요.
젓가락	이것은 젓가락이에요. 밥을 먹을 때 써요.
휴대폰	이것은 휴대폰이에요. 전화할 때 써요.
약	이것은 약이에요. 아플 때 먹어요.

문법 3 p. 95

Q1. 그림을 보고 대화를 완성해 보세요.

1. 한번 입어 보세요
2. 네, 한번 먹어 보세요
3. 들어 보지 않았어요/못 들어 봤어요
4. 김치를 만들어 봤어요
5. 프랑스를 여행해 보고 싶어요
6. (예시) 이 영화를 보세요.
7. (예시) 저는 내년에 요리를 배워 보고 싶어요.

문법 4 p. 97

Q1. 다음 표를 완성해 보세요.

빨개요	빨갛습니다	빨간	빨개서	빨갛고
노래요	노랗습니다	노란	노래서	노랗고
어때요	어떻습니다	어떤	어때서	어떻고
그래요	그렇습니다	그런	그래서	그렇고

Q2. 다음 단어를 사용해서 보기와 같이 문장을 만들어 보세요.

1. (예시) 저는 하얀 눈을 봤어요. 친구의 모자가 하얘요.
2. (예시) 파란 하늘을 보세요. 어제 산 티셔츠를 파래요.
3. (예시) 노란 원피스를 입었어요. 바나나는 노래요.
4. (예시) 까만 운동화를 보여 주세요. 제 동생은 머리가 까매요.

말하기 p. 98

Q1. 대화를 듣고 질문에 대답해 보세요.

1. 백화점 앞에서 만났어요.
2. 빨간색 치마를 입고 있어요.
3. 가볍고 편한 옷을 사려고 해요.

듣기 pp. 100–101

Q1. 질문을 듣고 맞는 사람을 고르세요.

1. 오른쪽
2. 오른쪽
3. 가운데

Q2. 잘 듣고 맞으면 O, 틀리면 X 표시해 보세요.

1. X
2. X
3. O
4. O

Q3. 잘 듣고 빈칸을 채워 보세요.

1. 여행할 때
2. 흰 바지에 노란 티셔츠를
3. 파란 원피스를
4. 쓰고 계세요

읽기 p. 102

Q1. 글을 읽고 질문에 대답해 보세요.

1. 어머니, 남동생, 아버지, 언니
2. 작년에 고향에 갔을 때 찍었어요.
3. 가족이 보고 싶을 때 가족사진을 봐요.
4. 고향의 전통 옷을 입고 가족사진을 찍어 볼 거예요.

6과

어휘 p. 107

Q1. 그림을 보고 빈칸을 채워 보세요.

1. 사이즈가 안 맞아요
2. 환불 기간이 지나면
3. 마음에 안 들어요
4. 교환하고 싶어요
5. 디자인이 달라요
6. 가능합니다
7. 반품해 주세요

문법 1 p. 109

Q1. 그림을 보고 대화를 완성해 보세요.

1. 커피나 주스를 마셔요
2. 케이크나 책을 선물해요
3. 학원이나 도서관에서 공부해요
4. 공원이나 산에 가요
5. 선생님이나 한국인 친구한테 물어봐요
6. (예시) 오늘 오후나 주말에 시간이 있어요
7. (예시) 바다나 예쁜 커피숍에서 사진을 찍고 싶어요

문법 2

p. 111

Q1. 그림을 보고 대화를 완성해 보세요.

1. 쇼핑하거나 카페에 가요
2. 노래를 듣거나 청소해요
3. 병원에 가거나 집에서 자요
4. 텔레비전을 보거나 컴퓨터 게임을 해요
5. 배드민턴을 치거나 수영할 거예요
6. 전화하거나 이야기하면 안 돼요
7. (예시) 커피를 마시거나 세수해요

문법 3

p. 113

Q1. 그림을 보고 대화를 완성해 보세요.

1. 내일부터 운동하겠습니다
2. 늦지 않겠습니다
3. 술을 마시지 않겠습니다
4. 아침을 먹겠습니다
5. 내일까지 일을 다 끝내겠습니다

문법 4

p. 115

Q1. 그림을 보고 질문 또는 대답해 보세요.

1. 읽어 주시겠어요?
2. 타쿠야 씨에게 이메일을 보내 주시겠어요?
3. 신청서를 써 주시겠어요?
4. 옷을 환불해 주시겠어요?
5. 잘라 주시겠어요?
6. 병원에 같이 가 주시겠어요?

말하기

p. 116

Q1. 대화를 듣고 질문에 대답해 보세요.

1. 옷을 바꾸려고 옷 가게에 갔습니다.
2. 영수증이 필요합니다.
3. 바꾸고 싶은 색깔의 바지가 없었습니다.
4. 티셔츠를 입어 볼 겁니다.

듣기

pp. 118–119

Q1. 잘 듣고 질문에 맞는 대답을 고르세요.

1. ②
2. ②
3. ②

Q2. 잘 듣고 맞으면 O, 틀리면 X 표시해 보세요.

1. X
2. O
3. X
4. O

Q3. 잘 듣고 빈칸을 채워 보세요.

1. 작은 사이즈로 바꿔 주시거나
2. 보여 주시겠습니까?
3. 교환이나 환불이
4. 고쳐 드리겠습니다.

읽기

p. 120

Q1. 글을 읽고 질문에 대답해 보세요.

1. 인터넷 쇼핑몰이에요.
2. 구두의 사이즈가 작아서 한 사이즈 큰 것으로 바꾸고 싶어요.
3. 하얀색으로 교환할 수 없으면 환불하려고 해요.
4. 휴대폰이나 이메일로 연락할 수 있어요.

7과

어휘

p. 127

Q1. 다음을 보고 생각나는 계절을 써 보세요.

여름	겨울
가을	봄

Q2. 〈보기〉에서 알맞은 어휘를 골라 문장을 완성하세요.

1. 날씨
2. 불어서
3. 그쳐서
4. 맑은
5. 쌀쌀해요
6. 흐린
7. 오면
8. 따뜻한

문법 1

p. 129

Q1. 그림을 보고 문장을 완성해 보세요.

1. 편해졌어요/쉬워졌어요
2. 괜찮아졌어요/좋아졌어요
3. 많아졌어요
4. 어려워졌어요
5. 건강해졌어요

6. 빨라졌어요
7. 더러워졌어요
8. (예시) 날씬해졌어요

문법 2

p. 131

Q1. 그림을 보고 대화를 완성해 보세요.

1. 비가 올 것 같아요
2. 지하철이 더 빠를 것 같아요
3. 못 볼 것 같아요
4. 케이크가 달 것 같아요
5. 아니요, 사람이 많지 않을 것 같아요/사람이 적을 것 같아요
6. 늦을 것 같아요
7. 좋아하실 것 같아요/잘 드실 것 같아요

문법 3

p. 133

Q1. 빈칸에 알맞게 써 보세요.

좋으니까	먹으니까
머니까	아니까
추우니까	도우니까
그러니까	들으니까

Q2. 〈보기〉와 같이 대화를 완성해 보세요.

1. 비가 오니까
2. 토요일/주말이니까
3. (운동)했으니까
4. 자고 있으니까/자니까
5. 안 먹으니까/먹지 않으니까/싫어하니까
6. 더러우니까

말하기

p. 134

Q1. 대화를 듣고 질문에 대답해 보세요.

1. 덥고 습해요.
2. 우산을 준비해야 해요.
3. 선생님은 우산이 한 개 있어서 못 빌려줬어요.
4. 비가 그칠 때까지 있을 거예요.

듣기

pp. 136-137

Q1. 잘 듣고 어울리는 그림을 고르세요.

1. ③
2. ②
3. ①

Q2. 잘 듣고 맞으면 O, 틀리면 X 표시해 보세요.

1. X
2. O
3. O
4. X

Q3. 잘 듣고 빈칸을 채워 보세요.

1. 지금은 익숙해졌어요
2. 사니까 더 부지런해졌어요
3. 예쁠 것 같아요
4. 힘들 것 같아요

읽기

p. 138

Q1. 글을 읽고 질문에 대답해 보세요.

1. 봄, 여름, 가을, 겨울이 있어요.
2. 봄이 되면 산과 공원 여기저기에서 예쁜 꽃들을 볼 수 있어요.
3. 날씨가 더워서 산이나 바다에 많이 가요.
4. 날씨가 아주 춥고 눈이 많이 내려서 두꺼운 코트를 입어야 해요.

8과

어휘

p. 143

Q1. 다음 그림을 보고 알맞은 단어를 써 보세요.

1. 선풍기	2. 에어컨	3. 다리미
4. 드라이어	5. 냉장고	6. 청소기
7. 세탁기	8. 노트북	9. 전자레인지

문법 1

p. 145

Q1. 그림을 보고 대화를 완성해 보세요.

1. 제가 요즘 배우는 외국어는 일본어예요
2. 제가 사는 곳은 서울이에요

3. 제가 자주 입는 옷은 빨간색 원피스예요
4. 지금 만드는 음식은 피자예요
5. 제가 자주 보는 영화는 한국 영화예요
6. (예시) 제가 좋아하는 가수는 OOO예요/이에요
7. (예시) 주말에 자주 가는 곳은 도서관이에요

문법 2 p. 147

Q1. '-(으)ㄴ'을 사용하여 〈보기〉와 같이 써 보세요.

1. 카페에서 마신 커피가 조금 썼어요
2. 아침에 만든 케이크를 친구에게 줬어요
3. 주말에 산 옷이 좀 작아요
4. 친구와 본 영화가 무서웠어요

Q2. 그림을 보고 '-(으)ㄴ'을 사용하여 대화를 완성해 보세요.

1. 찍은 사진
2. 신은 사람
3. 보낸/쓴 메일
4. 부른 노래

문법 3 p. 149

Q1. 그림을 보고 문장을 완성해 보세요.

1. 할
2. 마실
3. 살
4. 들을
5. 읽을
6. 입을 원피스/옷
7. (예시) 만날 식당

문법 4 p. 151

Q1. 그림을 보고 〈보기〉에서 적절한 어휘를 골라 문장을 완성해 보세요.

1. 여니까/열어 보니까
2. 가니까/가 보니까
3. 만들어 보니까
4. 먹어 보니까
5. 신어 보니까
6. (예시) 제주도를 여행해 보니까 아주 좋았어요.

말하기 p. 152

Q1. 대화를 듣고 질문에 대답해 보세요.

1. 크리스마스에 선물하려고 해요.
2. 화면이 좀 작아서 불편해요.
3. 화면이 크고 가벼운 핸드폰을 찾고 있어요.
4. 같이 휴대폰 가게에 갈 거예요.

듣기 pp. 154–155

Q1. 무엇을 설명하고 있습니까? 골라 보세요.

1. ①
2. ②
3. ③

Q2. 잘 듣고 맞으면 O, 틀리면 X 표시해 보세요.

1. X
2. O
3. O
4. O

Q3. 잘 듣고 빈칸을 채워 보세요.

1. 3년 전에 산 청소기
2. 가장 많이 찾는
3. 써 보니까
4. 받으실 곳을 말씀해 주시면

읽기 p. 156

Q1. 글을 읽고 질문에 대답해 보세요.

1. 제 방의 선풍기가 고장나서 더웠어요.
2. 올해 여름도 더울 것 같아서 에어컨을 사려고 해요.
3. 새 모델은 비싸지만 기능이 많아서 새 모델의 에어컨을 샀어요.
4. 이번 여름은 시원할 것 같아서 기분이 좋아요.

9과

어휘 p. 163

Q1. 그림을 보고 〈보기〉에서 알맞은 어휘를 골라 대화를 완성하세요.

1. 건너면
2. 도세요/돌아야 해요

3. 똑바로 가면
4. 물어보세요
5. 나오면

문법 1
p. 165

Q1. 그림을 보고 대화를 완성해 보세요.

1. (백화점에서)쇼핑하다가 봤어요
2. 똑바로 가다가 편의점에서 오른쪽으로 도세요
3. 숙제하다가 잤어요
4. 공부하다가 청소를 했어요
5. 학교에 오다가 사 왔어요
6. (예시) 보다가 집에 가요

문법 2
p. 167

Q1. 그림을 보고 질문해 보세요.

1. 멀까요
2. 한국 사람일까요
3. 매운 음식을 먹을까요
4. 추울까요
5. 맛있을까요
6. 잘까요/자고 있을까요
7. 비쌀까요/쌀까요

문법 3
p. 169

Q1. 그림을 보고 질문에 대답해 보세요.

1. 읽었을 거예요
2. 만들 거예요
3. 올 거예요
4. 먹었을 거예요
5. 더울 거예요
6. 예쁠 거예요
7. (예시) 많이 연습하면 잘 만들 수 있을 거예요

말하기
p. 170

Q1. 대화를 듣고 질문에 대답해 보세요.

1. 그린 서점에 가려고 해요.
2. 그린 서점에 가는 방법에 대해 이야기하고 있어요.
3. 시청에서 내려야 돼요.
4. 20분 정도 걸려요.

듣기
pp. 172–173

Q1. 잘 듣고 맞는 것을 고르세요.

1. ②
2. ①
3. ④

Q2. 잘 듣고 맞으면 O, 틀리면 X 표시해 보세요.

1. X
2. O
3. O
4. X

Q3. 잘 듣고 빈칸을 채워 보세요.

1. 제가 만든 요리를
2. 똑바로 오다가, 오른쪽으로 돌면
3. 10분 정도 걸릴 거예요
4. 버스정류장에서 기다릴까요

읽기
p. 174

Q1. 글을 읽고 질문에 대답해 보세요.

1. 토요일에 같이 점심을 먹으려고 메일을 보냈어요.
2. 이번주 토요일 서울역에서 만나기로 했어요.
3. 지나가는 사람들에게 길을 물어봐야 해요.

10과

어휘
p. 179

Q1. 〈보기〉에서 알맞은 어휘를 골라 문장을 완성하세요.

1. 그리우면/그리울 때/그리워서
2. 무서워서/무서우니까
3. 부끄러웠어요
4. 지루해서
5. 힘들었어요
6. 귀찮아서
7. 기뻐요/행복해요
8. 외로울
9. 슬펐어요
10. 궁금해요

문법 1 p. 181

Q1. 그림을 보고 〈보기〉에서 알맞은 어휘를 골라 대화를 완성해 보세요.

1. 호랑이처럼/호랑이같이
2. 그림처럼/그림같이
3. 배우처럼/배우같이
4. 농구 선수처럼/농구 선수같이
5. 인형처럼/인형같이
6. 요리사처럼/요리사같이

문법 2 p. 183

Q1. 그림을 보고 질문해 보세요.

1. 맛있지요
2. 샀지요
3. 중국 사람이지요
4. 덥지요
5. 어려웠지요
6. 피곤하지요
7. 남자 친구지요

문법 3 p. 185

Q1. 그림을 보고 〈보기〉에서 알맞은 어휘를 골라 대화를 완성해 보세요.

1. 추워해서
2. 피곤해하세요
3. 기뻐했어요
4. 아파해요
5. 재미있어했어요
6. 예뻐하세요

말하기 p. 186

Q1. 대화를 듣고 질문에 대답해 보세요.

1. 키가 크세요.
2. 일이 많아서 힘들어하세요.
3. 얼굴도 예쁘고 성격도 착해서 인기가 많아요.
4. 이리나 씨의 언니를 만나고 싶어 해요.

듣기 pp. 188–189

Q1. 잘 듣고 남자의 기분으로 알맞은 것을 연결해 보세요.

1. a
2. d
3. c
4. b

Q2. 잘 듣고 맞으면 O, 틀리면 X 표시해 보세요.

1. X
2. X
3. O
4. O

Q3. 잘 듣고 빈칸을 채워 보세요.

1. 요리사처럼 요리를 잘하세요
2. 먹는 요리같이 맛있어요
3. 많이 외로워하세요
4. 귀찮아하지 말고

읽기 p. 190

Q1. 글을 읽고 질문에 대답해 보세요.

1. 할머니께 편지를 썼어요.
2. 가족과 같이 찍은 사진을 보니까 기분이 좋아졌어요.
3. 한국어를 못해서 힘들어할 때 많이 도와줬어요.
4. 타쿠야 씨가 러시아를 궁금해해서 같이 러시아에 가기로 했어요.

어휘와 표현 Vocabulary & Expressions

1과

어휘

어휘(KOR)	어휘(ENG)
경기	Game
고등학교	High school
꼭	Surely, Certainly
농구	Basketball
농구화	Basketball shoes
달리기	Running
매일	Daily
모르다	Do not know
배가 아프다	To have a stomachache
비가 오다	To rain
선수	Athlete
수영장	Swimming pool
스키	Skiing
신다	To wear (shoes)
신문	Newspaper
아기	Baby
야구	Baseball
약속이 있다	To have an appointment
연습하다	To practice
우산을 쓰다	To use an umbrella
운동장	Playground
응원하다	To cheer
이기다	To win
입다	To wear
잘 못하다	To be not good at
잘하다	To be good at
지다	To lose
처음	First
체육관	Gym
축구	Football
축구화	Football shoes
(탁구, 테니스를) 치다	To play (table tennis, tennis)
(스키를) 타다	To ski
탁구	Table tennis
테니스	Tennis
테니스장	Tennis court
티셔츠	T-shirt
팀	Team
파티	Party
(축구, 야구, 농구를) 하다	To play (football, baseball, basketball)

표현

어휘(KOR)	어휘(ENG)
무슨 일이에요?	What's going on?

2과

어휘

어휘(KOR)	어휘(ENG)
것	Thing
계산하다	To pay
계속하다	To keep doing
고르다	To choose
기분	Feelings
(음식이) 나오다	To serve (food)
나이프	Table-kniffe
다시	Again
또	Again
메뉴	Menu
명동	Myeongdong
묻다	To ask
분위기	Mood
사진을 올리다	To post a picture
샌드위치	Sandwich
서비스	Service
손님	Guest
숟가락	Spoon
시키다	To order
싫다	To dislike
알아보다	To find out
영수증	Receipt
오렌지	Orange
이메일	Email
인분	Searvings

자리	Seat
재료	Ingredients
젓가락	Chopsticks
종업원	Server
주문하다	To order
찾아가다	To go to
테이블	Table
포크	Fork
할인	Discount
항상	Always
해산물	Seafood
혹시	Prehaps/Maybe

표현

어휘(KOR)	어휘(ENG)
잘 먹겠습니다	Thanks for the food.

3과

어휘

어휘(KOR)	어휘(ENG)
게임기	Game console
경치	Scenery
계획을 세우다	To make a plan
공휴일	Public holiday
끝나다	To end
낮잠	Nap
단풍	Autumn leaves
도구	Tool, Kit
돈을 찾다	To withdraw
막걸리	Makgeolli
설악산	Seorak Mountain
소고기	Beef
시작하다	To start
심심하다	To be bored
앨범	Album
여러 가지	Various things
연락하다	To contact
이틀	Two days
즐겁다	To have fun
추천하다	To recommend
파전	Pajeon
하루	One day
한가하다	To chill out
한글날	Hangeul day
해외여행	Travel abroad

4과

어휘

어휘(KOR)	어휘(ENG)
가까이	To be close
가끔	Sometimes
관람객	Visitors
관람하다	To see
노인	Old man[woman]
눕다	To lay down
다른	Other
매표소	Ticket office
무료	Free
물건	Object
미리	In advance
및	And
방문하다	To visit
불을 끄다	To Turn off
성인	Adult
소리를 지르다	To shout
안내하다	To guide
옛날	The old days
요금	Fee, charge
운전하다	To drive
입장권	Admission ticket
입장료	Admission fee
입장하다	To enter
자세히 보다	To look into
전시하다	To exhibit
조심하다	To be careful
할인하다	To give a discount
홈페이지	Homepage
화가	Painter
휴게실	Lounge
휴일	Holiday

5과

어휘

어휘(KOR)	어휘(ENG)
가방	Bag
갈색	Brown
검은색	Black
구두	Shoes
귀걸이	Earrings
기분이 좋다	To feel good
까만색	Black
꽃무늬	Flower patterns
끼다	To wear/put on
나무	Tree
넥타이	Tie
노란색	Yellow
녹색	Green
눈사람	Snowman
닮다	To be look alike
매다	To wear/put on
메다	To wear/put on
모자	Hat
목걸이	Necklace
목도리	Muffler
바나나	Banana
반바지	Shorts
반지	Ring
벌	Counting units (for clothes)
벨트	Belt
보고 싶다	To miss
보라색	Purple
부츠	Boots
분홍색	Pink
빨간색	Red
색깔	Color
속옷	Underwear
스웨터	Sweater
스카프	Scarf
스타킹	Stockings
슬리퍼	Slippers
시계	Watche
신다	To wear/put on
신문	Newspaper
쓰다	To wear/put on
안경	Eyeglasses
야구 모자	Baseball cap
양말	Socks
양복	Suit
와이셔츠	Dress shirt
운동복	Sportswear
운동화	Sneakers
원피스	Dress
입다	To wear/put on
장갑	Gloves
전통	Tradition
정장	Suit
주황색	Orange
줄무늬	Striped pattern
질문하다	To ask a question
차다	To wear/put on
체크무늬	Checked pattern
초록색	Green
티셔츠	T-shirt
파란색	Blue
팔찌	Bracelet
편안하다	To be comfortable
포도	Grape
하늘색	Light Blue
하얀색	White
회색	Grey
흰색	White

6과

어휘

어휘(KOR)	어휘(ENG)
가능하다	To be able to
고장나다	To be broken
고치다	To alter
교환하다	To exchange
기간이 지나다	To be out of date
디자인이 다르다	To be different in design
마음에 안 들다	To dislike
반품하다	To return
밝다	To be bright
별로	Not really
사이즈가 안 맞다	The size doesn't fit

살을 빼다	To lose weight
상품	Product
쇼핑몰	Shopping mall
어둡다	To be dark
영수증	Receipt
인기	Popularity
자르다	To cut
잘못	Wrong
졸리다	To be sleepy
택배	Package
품절	Out of stock
환불하다	To refund

7과

어휘

어휘(KOR)	어휘(ENG)
가을	Autumn
갑자기	Suddenly
건강하다	To be healthy
겨울	Winter
구름	Cloud
그동안	In the meantime
그렇다	As such, Like that
기온	Temperature
까맣다	Black
눈이 그치다	The snow stops
눈이 오다	To snow
닦다	To wipe
도	Degree
돕다	To help
따뜻하다	To be warm
라디오	Radio
맑다	To be sunny
바람이 그치다	The wind stops
바람이 불다	To be windy
봄	Spring
비가 그치다	The rain stops
비가 오다	To be rainy
사계절	Four seasons
생기다	To be formed
선글라스	Sunglasses
소나기	Rain shower
소풍	Picnic
수건	Towel
습하다	To be humid
쌀쌀하다	To be chilly
여기저기	Here and there
여름	Summer
요즘	Recently
우산	Umbrella
익숙하다	To be used to
중	among
지나다	To go by / To pass
첫 번째	First
최고 기온	The highest temperature
최저 기온	The lowest temperature
코트	Coat
퇴근 시간	Rush hour
하늘	Sky
흐리다	To be cloudy
힘들다	To be hard

8과

어휘

어휘(KOR)	어휘(ENG)
결국	Eventually
그냥	Just
기능	Function
냉장고	Fridge
노트북	Laptop
다리미	Iron
단어	Vocabulary
드라이어	Hair dryer
모델	Model
미래	Future
배달	Delivery
보여주다	To show
새로	Newly
선풍기	Fan
세탁기	Washing machine
쓰다	Bitter
에어컨	Air conditioner
전자 제품	Electronics
전자레인지	Microwave

지갑	Wallet
청소기	Vacuum cleaner
화면	Screen

9과

어휘

어휘(KOR)	어휘(ENG)
강아지	Puppy
건너다	To cross
계단	Stairs
글쎄	Well
길	Way, Street, Road
나오다	To appear, To show up
달라지다	To be different
답장	Reply
더	More
돌다	To turn
똑바로 가다	To go straight
물어보다	To ask
보이다	To be shown
복잡하다	To be complicated
사거리	Crossroads
서울역	Seoul Station
세우다	To pull over
시청	City hall
신호등	Traffic light
약속	Promise
에스컬레이터	Escalator
엘리베이터	Elevator
올라가다	To go up
입구	Entrance
정류장	Stop, Station
지나가다	To pass by
쭉	Straight
쯤	Around
출구	Exit
호선	Line
횡단보도	Crosswalk

10과

어휘

어휘(KOR)	어휘(ENG)
공포	Horror
괜찮다	To be okay
궁금하다	To be curious
귀찮다	To be annoyed
그때	At that time
그립다	To miss
기쁘다	To be delighted
넘어지다	To fall
모기	Mosquito
무섭다	To be scared
부끄럽다	To be ashamed
성격	Personality
슬프다	To be sad
아름답다	To be beautiful
연말	End of year
외롭다	To be lonely
잘 어울리다	To go well with
조용히	Quietly
지루하다	To be bored
처음	First time
행복하다	To be happy
활발하다	To be active
힘들다	To be tough

1과

하다	먹다	만들다
부르다	타다	읽다
마시다	말하다	치다

GREEN
KOREAN
LANGUAGE SCHOOL